DER RHEIN

NECKAR • MAIN • MOSEL

Jack Altman
Elke Frey

JPMGUIDES

Schicksalshafter Wasserstand

INHALT

Kulinarische Verlockungen

Vergnügliche Flussfahrt

Beschauliche Tierwelt

RICHTUNG RHEIN

Der gewaltige Rhein liegt im Herzen der westeuropäischen Zivilisation und ist eng verbunden mit der Geschichte der Länder, die er durchquert: die Schweiz, Frankreich, Deutschland und die Niederlande. Von der Quelle im Schweizer Gotthardmassiv bis zum Delta an der Nordsee legt der Rhein eine Strecke von 1233 km zurück.

Der Rhein ist zwar nicht Europas längster Strom – allein die Donau ist doppelt so lang –, aber an keinem anderen häufen sich in so kurzer Folge so viele bedeutende Städte. Von der Quelle bis zum Bodensee durchfließt der sogenannte Alpenrhein überwiegend Schweizer Gebiet; er ist dann Grenzfluss mit Liechtenstein und danach mit Österreich, seine Mündung in den Bodensee liegt auf österreichischem Territorium.

Die Schifffahrt zählt die Stromkilometer des Rheins ab Rheinbrücke Konstanz, wo dieser den Bodensee verlässt. Hochrhein heißt der Fluss bis Basel; am Kilometer 48 bildet er den Rheinfall bei Schaffhausen, den mächtigsten Wasserfall Europas, spektakuläres Naturschauspiel und unüberwindbares Hindernis für die Schifffahrt zugleich. Bis der malerische Fluss Basel erreicht, haben zehn Wasserkraftwerke von seinem Gefälle profitiert, zwei Schleusen ermöglichen auf dieser Strecke Binnenschiffsverkehr.

Flusskreuzfahrten ab Basel führen flussabwärts über Straßburg, Worms, Mainz, Koblenz, Bonn, Köln und Düsseldorf zum Rheindelta nach Rotterdam oder über einen Kanal nach Amsterdam. Die meisten Städte am Rhein gehen auf die Römer zurück und bestehen seit rund 2000 Jahren; viele große Orte haben in Geschichte und Entwicklung ihres Landes eine wichtige Rolle gespielt. Unterwegs ziehen am Ufer romantische Burgen, stolze Kirchtürme, unheimliche Felswände und sonnenverwöhnte Weinberge vorbei.

Auch die Rhein-Nebenflüsse sind lohnend: Auf dem Neckar geht die Reise zur Universitätsstadt Heidelberg, der Main führt ins Finanzzentrum Frankfurt, und auf der Mosel gelangt man durch die Weinorte Cochem und Bernkastel-Kues ins ehrwürdige Trier nahe der Grenze zu Luxemburg.

Der Oberrhein: von Basel bis Bingen

Die südlichste schiffbare Strecke des Rheins führt durch drei Länder: die Schweiz, Deutschland und Frankreich. Basel liegt ganz im Nordwesten der Schweiz; es blickt über zwei Grenzen in die Nachbarländer: nach Frankreich westlich des Rheins und nach Deutschland im Osten. Basels Lage beiderseits des Rheins – an der Stelle, wo der Fluss seit alters schiffbar ist, – war günstig für die Entwicklung der Stadt. Im Mittelalter war sie ein vitales Handelszentrum zwischen Nordsee und Mittelmeer und zwischen Schwaben und Burgund; davon profitierte auch die lokale Seidenproduktion. Heute sind in Basel in erster Linie chemische und pharmazeutische Industrien angesiedelt, und immer noch werden von hier Exportgüter aus der Schweiz in Richtung Meer verschifft.

Straßburg, das durch drei Jahrhunderte immer wieder Schauplatz deutsch-französischer Kriege war, ist heute stolzer Sitz des Europaparlaments und des Europarats. Von der Hafen- und Kulturstadt Mannheim führt eine Fahrt auf dem Neckar nach Heidelberg mit der Schlossruine. Die Kirchen (v. a. jene von Speyer und Worms) bestehen aus dem für Rheinland-Pfalz typischen rötlichen Sandstein. Während in Mainz die eleganten Türme romanischer und gotischer Kirchen grüßen, sind es flussabwärts im Rheintal trutzige Burgen.

Sagenhafter Mittelrhein

Das mittlere Rheintal ist Schauplatz von mehr Legenden und Sagen als jede andere Region des Landes. Hier spielt die Handlung des Nibelungenlieds, hier stürzte die Loreley mit ihrem Gesang Schiffer ins Verderben, märchenhafte Burgen stehen auf schroffen Felsen. In den freundlichen Dörfern grüßen schmucke Fachwerkhäuser. Kaum ein Ort eignet sich besser zur Weinprobe als Koblenz, das zwischen den Rebbergen der Mosel im Westen und jenen des Rheintals im Süden liegt.

Es sind die kleinen Orte, die dem Rheintal sein unverwechselbares Gepräge verleihen. Rüdesheim ist wohl das berühmteste Weindorf, Bacharach gilt als das schönste. Boppard und Lorch erheben nicht nur Anspruch auf die Produktion der besten Weißweine, sondern haben auch sehenswerte Bauten. Bingen ist außer für seinen Wein auch für den Mäuseturm mitten im Fluss bekannt. Assmannshausen rühmt sich des kräftigen Rotweins und seiner bereits zu römischer Zeit geschätzten Heilquellen. Weitere Legenden hören Sie in St. Goarshausen, wo der Loreleyfelsen steht.

Erkunden Sie die Gegend zwischen Mai und September, sollten

Sie einen der fünf spektakulären Abende *Rhein in Flammen* besuchen. Dabei taucht jeweils herrliches Feuerwerk Dörfer, Ruinen, Schlösser und Weinberge an einem Ort zwischen Rüdesheim und Bonn in buntes Licht.

Industrie und Kultur am Niederrhein

Der Flussabschnitt zwischen Koblenz und Rotterdam erlebte zahlreiche Invasionen – von den römischen Legionen Julius Cäsars bis zu den Alliierten, die im Zweiten Weltkrieg Brückenköpfe über den Rhein errichteten. Auf Ihrer Fahrt kommen Sie durch viele Städte, die ihre im Krieg zerstörten Kirchen aus dem Mittelalter wieder aufbauen ließen.

Niederrhein heißt die äußerst belebte Schifffahrtsstrecke ab Bonn stromabwärts. Der Ort war in der Nachkriegszeit Hauptstadt der Bundesrepublik; heute besinnt sich die Geburtsstadt Beethovens mit neuem Schwung auf ihre Rolle als kultureller Mittelpunkt. Köln, die majestätische Domstadt, besitzt hervorragende Museen mit Kunstwerken aus Mittelalter, Renaissance und Moderne. Ebenso wie Mainz und Düsseldorf ist Köln aber auch Karnevalshochburg. Als Handels- und Kulturzentrum hat Köln zudem die Entwicklung seit römischer Zeit über die Blüte des Mittelalters bis zum Wohlstand der Gegenwart gepägt. Die Lage der Stadt am Rhein spielte seit je eine wichtige Rolle. Die Altstadt entstand am linken Rheinufer, das Industrieviertel (Deutz) am rechten. Kohleschiffe, Expresszüge, Zementfabriken und Kernkraftwerke prägen diese Region ebenso wie futuristische Architektur.

Düsseldorf, Hauptstadt Nordrhein-Westfalens, ist ein Zentrum für Mode und Kunst, Duisburg im Ruhrgebiet hat sich nach einer von Kohle und Stahl geprägten Vergangenheit heute dem »saubereren« Dienstleistungssektor zugewandt und ist größter Binnenhafen der Welt.

Am niederländischen Mündungsarm des Rheins, Nieuwe Waterweg, zieht sich der Hafen Rotterdams entlang, der größte Seehafen Europas. Flusskreuzfahrten beginnen oder enden häufig in der reizvollen alten Hafenstadt Amsterdam, zu der der Amsterdam-Rijnkanaal führt.

istockphoto.com/Gfadel

Der Rheinfall bei Schaffhausen ist Europas mächtigster Wasserfall.

Die Domstadt Köln, abgebildet auf einem Teil eines Holzschnitts von Hartmann Schedel aus dem *Liber Chronicarum* (1493).

RÜCKBLENDE

Bei Paläontologen gilt das Rheinland als Wiege der Menschheit in Deutschland. Aus einem Kieferknochen und Zähnen, die im Neckartal zutage kamen, haben Wissenschaftler den Schluss gezogen, dass hier vor rund 400 000 Jahren der *Homo heidelbergensis* lebte. Dieser Urahne gehörte der Spezies *Homo erectus* an, war aber noch kein *sapiens*.

Die Anfänge

In der Nähe dieses Urmenschen gefundene Fossilien lassen vermuten, dass er Mammuts, Nashörner und Elche jagte – zu jener Zeit herrschte im Rheinland noch ein viel wärmeres Klima vor. Der 50 000 Jahre alte Schädel des berühmten Neandertalers wurde 1856 von Eisenbahnarbeitern in einer Höhle des besagten Tals bei Düsseldorf entdeckt. Er war ein echter *Homo sapiens*, gilt jedoch nicht als direkter Vorfahre des heutigen Menschen. Man fand auch Spuren eines Cro-Magnon-Paares, das vor etwa 10 000 Jahren im Gebiet Bonn-Oberkassel lebte.

Seit ca. 750 v. Chr. ließen sich Kelten, die sich durch ihr Geschick in der Herstellung von eisernen Waffen und Werkzeug auszeichneten, am Westufer des Rheins nieder. Übrigens ist auch der Flussname keltischen Ursprungs. Am Ostufer lebten die Germanen (keltisch für »Nachbarn«).

Römisches Reich

Der Germanenkönig Ariovist überquerte den Rhein 72 v. Chr. mit 15 000 Soldaten und eroberte den Teil Galliens, der heute dem Elsass und Rheinland-Pfalz entspricht. Julius Cäsar kam den Galliern zu Hilfe, besiegte Ariovist 58 v. Chr. und drängte die Germanen über den Fluss zurück. Das linke Rheinufer wurde zum römischen Protektorat.

Um weitere Übergriffe der Germanen zu verhindern, errichtete man an der Mosel bei Trier (Augusta Treverorum) 16 v. Chr. das erste römische Lager; weitere folgten am Rhein in Xanten (15 v. Chr.) und Koblenz (9 v. Chr.). Köln gab es bereits seit 38 v. Chr.: In jenem Jahr hatte der römische Feldherr Agrippa den germanischen Stamm der Ubier auf das linke Rheinufer verpflanzt und die Stadt Oppidum Ubiorum gegründet. (Zu Ehren von Julia Agrippina, der Gemahlin von Kaiser Claudius, erhielt ihr Geburtsort den Namen Colonia Claudia Ara Agrippinensis, CCAA oder kurz Colonia.)

Nach der Schlacht im Teutoburger Wald (9 v. Chr.), bei der die Römer den Germanen unterlagen, kam die römische Eroberung Germaniens am Rhein zum Stillstand. Die Grenzlinie bildete im Norden der Niederrhein, südlich davon der Germanische Limes. Dieser befestigte Grenzwall, alle 16 km mit Türmen verstärkt, begann auf der Höhe von Andernach, zog sich östlich des Flusses über die Höhen des Taunus und verlief über den Main bis zur oberen Donau. Das römische Rheinland teilte sich in zwei Provinzen auf – Obergermanien mit der Hauptstadt Mainz (Castrum Moguntiacum) und Niedergermanien mit der Hauptstadt Köln.

Trier entwickelte sich zum blühenden Handelszentrum, wohin sich sogar Kaufleute aus Italien und Griechenland begaben. Der syrische Missionar Eucharius verbreitete 72 n. Chr. das Christentum im Moseltal, und die Römer führten den Weinbau ein. Trier wurde im Jahre 117 zur Hauptstadt der Provinz Belgica Prima. Konstantin der Große erhob die Stadt, die damals als Roma Secunda bekannt war, zur kaiserlichen Residenz (306–12). Der aus Trier stammende Agritius von Antiochia wurde 314 zum ersten deutschen Bischof gekürt.

Barbaren und Christen

Im 4. Jh. begannen die »Barbaren« ihre Raubzüge ins römische Rheinland: Zuerst die Alemannen, die Mainz und Köln eroberten, später die Burgunder, die ihrerseits von den Hunnen besiegt wurden. Die Rebberge an der Mosel mussten aufgegeben werden. Später kam es zu Kriegen zwischen den Alemannen und den Franken. Unter Chlodwig, der das Christentum im ganzen Rheinland verbreitete, gewannen die Franken die Oberhand. Seit 742 war Mainz die christliche Metropole Deutschlands.

Straßburg (einst Argentoratum) wurde 451 durch Hunnen zerstört und von den Franken als Strateburgum wieder erbaut; der Name wurde im 6. Jh. erstmals schriftlich erwähnt. Die Stadt lag am Schnittpunkt französischer und deutscher Kultur, und 842 wurde die erste Urkunde in französischer und deutscher Sprache abgefasst: die »Straßburger Eide«, die das Bündnis zwischen Ludwig dem Deutschen und Karl dem Kahlen besiegelten. 923 kam Straßburg zum Deutschen Reich und wurde von Bischöfen regiert.

Karl der Große dehnte sein christliches Reich von der Ostsee bis zur Adria aus. Im Jahre 800 wurde er in Rom zum Kaiser gekrönt; sein Palast stand in Aachen, am Rande des Rheinlands. Nach Karls Tod teilten seine Enkel im Jahre 843 das Frankenreich auf. Ludwig der Deutsche machte Frankfurt zur Hauptstadt seines neuen Königreichs. Basel, das seit dem 7. Jh. ein Bistum war, fiel 912 an Burgund und wurde 1033 dem Deutschen Reich angegliedert.

Mittelalter

Zwischen 1092 und 1212 brachen Rheinländer zu den Kreuzzügen auf; in Speyer, Worms, Mainz, Rüdesheim und Köln fielen zahlreiche jüdische Bewohner blutigen Pogromen zum Opfer.

Im 12. Jh. erlebte das Rheinland eine regelrechte Blütezeit, und die Erzbischöfe von Mainz, Köln und Trier gehörten zu den mächtigsten Fürsten im Deutschen Reich. Kaiser Friedrich I. Barbarossa bezeichnete seine Stadt 1184 als »Goldenes Mainz« (Aurea Moguntia). In Speyer und in Worms wurden zahlreiche bedeutende Reichstage abgehalten. Im 11. und 12. Jh. entstanden Meisterwerke der romanischen Architektur in Speyer, Mainz und Worms; im 13. Jh. wurde das gotische Münster von Straßburg erbaut.

Der Handel florierte. 40 Jahre nachdem man in Köln mit dem Dombau begonnen hatte (1248), war die Stadt ein wohlhabendes Mitglied der Hanse und trieb Handel mit Brügge und London. Trier erlebte dank der Wiederbelebung des Weinbaus an der Mosel einen neuen Aufschwung. 1240 erhielt Frankfurt das Marktrecht, das zur Veranstaltung einer jährlichen Sommermesse berechtigte. Von 1356 an wählten die Kurfürsten in dieser Stadt den Deutschen König. Ab 1372 war Frankfurt freie Reichsstadt.

Koblenz rückte 1338 ins Rampenlicht, als Ludwig IV. der Bayer die päpstliche Autorität in Frage stellte und seinen Verbündeten König Eduard III. von England zum Reichsvikar für das Gebiet westlich des Rheins ernannte. 1343 ließ Erzbischof Balduin hier eine Brücke über die Mosel errichten; die Balduinbrücke überstand alle Kriege und Revolutionen – bis sie 1945 von Bomben zerstört wurde.

Die Pest, die Mitte des 14. Jh. Europa heimsuchte, entvölkerte im Jahre 1348 das Rheinland. Die Epidemie gab Anlass zu neuen Judenpogromen.

Reformation und Renaissance

Das 15. und das 16. Jh. waren durch revolutionäre Neuerungen in Kunst und Religion geprägt. Die Malerei des Rheinlands er-

istockphoto.com/Nicoolay

Corbis/Garanger

istockphoto.com/Anderle

lebte eine Blüte dank dem »weichen Stil«, in dem sich der Kölner Stephan Lochner (um 1410–51) auszeichnete. Martin Schongauer (1450–91) schmückte das Breisacher Münster mit einem großartigen Fresko des Jüngsten Gerichts. Um 1515 schuf Matthias Grünewald seinen Isenheimer Altar, der im elsässischen Colmar zu sehen ist.

Johannes Gutenberg (um 1390–1468) entwickelte die Technik des Buchdrucks in Straßburg und stellte 1446 in Mainz seine erste Druckerpresse auf. Diese Erfindung ermöglichte später eine rasche Verbreitung von Luthers Traktaten, die zur Propagierung des Protestantismus in Europa beitrug.

Der Mönch Martin Luther verfasste 1517 seine Thesen gegen das Ablasswesen – die sich für seinen Vorgesetzten, den Erzbischof von Mainz, als direkte Bedrohung erwiesen. Um finanzielle Mittel für den Neubau der Peterskirche zu beschaffen, hatte der Papst einen »Jubiläums-Ablasshandel« angekündigt, dank dem Sünder nicht nur sich selbst vom Fegefeuer freikaufen konn-

Ausschnitt einer alten Rheinkarte. | Eines der sogenannten Bayernfenster im Kölner Dom: *Die Ausgießung des Heiligen Geistes* (1842). | Eine revolutionäre Erfindung: Gutenbergs Buchdruck.

ten, sondern auch Mitglieder ihrer Familie. Die Einkünfte sollten zwischen dem Erzbischof und dem Papst aufgeteilt werden; mit dem Geld wollte der Erzbischof von Mainz die Summe begleichen, die ihm die Fugger (berühmte Bankiers der damaligen Zeit) für den Kauf seines Erzbistums geliehen hatten. Luthers Thesen galten als ketzerisch, und er wurde nach dem Reichstag zu Worms 1521 von Kaiser Karl V. mit der Reichsacht belegt.

Auf dem Reichstag zu Speyer protestierten 1529 die evangelischen Stände gegen das Verbot kirchlicher Reformen – daher die Bezeichnung »Protestanten«. Der größte Teil des Rheinlands widersetzte sich der Reformation, doch Heidelberg, Straßburg und Basel wurden zu Bollwerken des Protestantismus. Der 1534 gegründete Jesuitenorden führte die Gegenreformation an und gründete Schulen in Köln, das seit 1584 Sitz des päpstlichen Nuntius für Deutschland war. Das Elsass geriet derweil während der Glaubenskriege am Ende des 16. Jh. zunehmend unter französischen Einfluss.

Der Dreißigjährige Krieg

Der Dreißigjährige Krieg (1618–48) verwüstete das Rheinland und die Pfalz. In diesen Glaubenskrieg zwischen Protestantischer Union (1608 gegründet) und Katholischer Liga (1609) traten nach und nach alle europäischen Großmächte ein – Schweden, Spanien und Frankreich, neben den Fürsten Deutschlands und Österreichs. Alle verteidigten jedoch eher politische und wirtschaftliche als religiöse Interessen. Viele rheinische Städte hatten unter den Kampfhandlungen zu leiden.

Nach dem Westfälischen Frieden von 1648 fiel das Elsass (inoffiziell) an Frankreich. Ludwig XIV. nahm 1681 Straßburg ein. Pro-französische katholische Bischöfe leisteten der Eroberung Vorschub, und selbst die Protestanten, die im Unterschied zu den französischen Hugenotten nicht verfolgt wurden, widersetzten sich kaum, als das Elsass 1697 endgültig annektiert wurde.

Ludwig XIV. ließ im Zuge seiner gegen Habsburg gerichteten Politik 1689 und 1693 über 100 Orte im Rheinland niederbrennen, darunter Speyer, Heidelberg, Mannheim, Worms, Oppenheim, Mainz, Bingen und Boppard.

Der Westfälische Friede besiegelte die Unabhängigkeit der Niederlande, für die ein Goldenes Zeitalter anbrach. Amsterdam entwickelte sich zum wichtigsten Hafen der Welt und zum Zentrum für den Überseehandel. Kunst, Wissenschaften und Wirtschaft erlebten eine Blüte; der bedeutendste Künstler der niederländischen Renaissance war Rembrandt (1606–69). Die Ostindische Kompanie schuf sich ein Handelsmonopol mit Niederlassungen im Fernen Osten, in Afrika, Brasilien und der Karibik.

Französische Revolution

Das Rheinland genoss ein ganzes Jahrhundert lang Frieden – bis die Französische Revolution ausbrach. Im Zeitalter der Aufklärung, das um die Wende zum 18. Jh. begann, wirkten in Deutschland bedeutende Fürsten. Kurfürst Karl Theodor gründete in Mannheim eine Musikschule, ein Nationaltheater und eine Akademie der Wissenschaften und förderte die Porzellanmanufaktur Frankenthal. Bonn, der Geburtsort von Ludwig van Beethoven (1770–1827), war eine wichtige musikalische »Zweigstelle« der einflussreichen Mannheimer Schule. Johann Wolfgang von Goethe kam 1749 in Frankfurt zur Welt; seine Studienjahre in Straßburg waren für die Entwicklung seines politischen Bewusstseins von großer Bedeutung.

Straßburg begrüßte die Französische Revolution mit Begeisterung, was seine Zugehörigkeit zu Frankreich festigte. Rouget de Lisle, ein in Straßburg stationierter Offizier, dichtete und vertonte 1792 das »Kriegslied der Rheinarmee«, das von einem Marseiller Freiwilligenbataillon übernommen und als *La Marseillaise* (die heutige französische Nationalhymne) bekannt wurde.

Die französische Revolutionsarmee marschierte im Jahr 1792 im Rheinland ein und »befreite« Speyer, Worms, Mainz und Frankfurt. Mit Unterstützung des französischen Generals Hoche setzte sich der deutsche Nationalist Joseph Görres für eine unabhängige »Rheinische Republik« ein, doch das Projekt wurde nach Hoches Tod (1797) fallengelassen. Im Jahr 1806 schlossen sich unter dem Protektorat Napoleons 16 west- und süddeutsche Fürsten zum Rheinbund zusammen. Industrie und Wirtschaft erlebten einen Aufschwung, neue Straßen entstanden am Rheinufer, neue Schulen nach dem Modell des französischen *lycée* wurden gegründet und die Juden erhielten mehr Rechte. Der anfängliche Enthusiasmus schwand jedoch, nachdem 63 000 Soldaten aus dem Rheinland eingezogen wurden – und fast alle in Napoleons katastrophalem Russlandfeldzug von 1812 umkamen. 1813 trieben die Preußen den Kaiser der Franzosen bei Kaub über den vereisten Rhein zurück.

Vormärz und Gründung des Deutschen Reichs

Durch den Wiener Kongress (1815) fand das französische Regime ein Ende, doch das Rheinland fiel an Preußen. Frankfurt war 1816–1866 Sitz des Deutschen Bundestags. Die preußischen Monarchen erhoben den 1842 vollendeten Bau des Kölner Doms zum Symbol der nationalen Einheit.

Die Preußen verboten die Publikation von Joseph Görres *Rheinischem Merkur*, der ihnen zu radikal war, erlaubten aber dem jungen Karl Marx (1818–83) die Herausgabe der liberalen *Rheinischen Zeitung* – zumindest sechs Monate lang. Der in Düsseldorf geborene Dichter Heinrich Heine entfloh 1831 der preußischen Zensur, um sich in Paris niederzulassen. Karl Marx und Friedrich Engels verfassten 1848 das *Kommunistische Manifest*; im selben Jahr flammten in Heidelberg, Mannheim, Mainz und anderen deutschen Städten kurzlebige Revolten auf. In Köln sangen Radikale die *Marseillaise*, widersetzten sich aber gleichzeitig den französischen Ansprüchen auf das Rheinland.

Mitte des 19. Jh. beschleunigte sich Deutschlands Industrialisierung, und Duisburg stieg dank Kanälen zwischen Rhein und Ruhr zum wichtigsten Binnenhafen Europas auf. Der Philosoph Friedrich Nietzsche wurde 1869 mit der Fakultät für klassische Philologie der Universität Basel betraut, musste die Stelle aber zehn Jahre später aus gesundheitlichen Gründen aufgeben. Straßburg wurde im Deutsch-Französischen Krieg (1870–71) von den Preußen beschossen und mit Elsass-Lothringen dem Deutschen Reich angegliedert. Die Gründung des zweiten deutschen Kaiserreichs nach dem Krieg hatte im Rheinland und im Ruhrgebiet einen industriellen Boom zur Folge. Düsseldorf wurde administratives Zentrum der Region. Karl Benz baute 1885 in Mannheim den ersten Kraftwagen Deutschlands.

Das Rheinland im 20. und 21. Jahrhundert

Am Ende des Ersten Weltkriegs kam es 1918 in Köln und anderen Industriestädten zur Revolution mit Einsetzung von Arbeiter- und Soldatenräten. Auf der Friedenskonferenz von Versailles setzte sich Maréchal Foch für eine unabhängige Rheinische Republik unter französischer Aufsicht ein. Rheinische Separatisten, darunter auch der damalige Kölner Bürgermeister Konrad Adenauer (der spätere Bundeskanzler), organisierten am 1. Juni 1919 einen Staatsstreich. Sie gründeten eine Republik mit der Hauptstadt Wiesbaden – die jedoch nur ein paar Stunden existierte, bevor sie auf Befehl von Frankreichs Ministerpräsident Clemenceau wieder aufgelöst wurde.

Französische und belgische Truppen hielten das Ruhrgebiet

Ehrenfels, eine der vielen mittelalterlichen Burgen im sagenumwobenen Rheintal.

Huber/Gräfenhain

1923–25 zur Eintreibung von Reparationsforderungen aus dem Krieg besetzt. Hitler konnte zu Beginn der 1930er-Jahre auf finanzielle Hilfe von verbitterten Industriellen und Bankieren zählen. Um die Demütigung zu beenden, marschierten deutsche Truppen unter Missachtung des realitätsfernen Versailler Vertrags in das entmilitarisierte Rheinland ein. Hitler feierte die Rückeroberung mit einer Triumphrede im Kölner Dom. In der Nacht vom 9. auf den 10. November 1938, der Reichskristallnacht, standen in Köln, Mainz, Worms und Koblenz Synagogen in Flammen.

Nachdem die Aggressionen des deutschen Militärs in Europa zu Beginn des Zweiten Weltkriegs zunächst kaum zu Beschädigungen in Deutschland geführt hatten, verwüstete der erste Luftangriff der Alliierten 1942 Köln. Spätere Angriffe zerstörten Koblenz, Mainz, Bonn, Düsseldorf, Frankfurt und weitere Städte. Amerikaner überschritten im März 1945 bei Remagen den Rhein. Heidelberg, das unversehrt geblieben war, wurde 1952 Hauptquartier der US-Armee in Deutschland. 1946 erfolgte der Zusammenschluss des nördlichen Teils der preußischen Rheinprovinz und Westfalens zum Land Nordrhein-Westfalen. Bonn war ab 1949 unter Kanzler Konrad Adenauer die Hauptstadt der Bundesrepublik Deutschland, was sich erst mit dem Umzug nach Berlin 1990 änderte.

In den 1990er-Jahren stellte man im Ruhrgebiet nach und nach von der Kohle- und Stahlindustrie auf den Dienstleistungssektor um. Das Reiterstandbild Kaiser Wilhelms I., das 1897 am Deutschen Eck in Koblenz aufgestellt und 1945 zerstört wurde, nahm 1992 seinen alten Platz wieder ein. Im selben Jahr wurde der Main-Donau-Kanal (1846 als Ludwigskanal begonnen) vollendet und damit der Großschifffahrtsweg vom Schwarzen Meer über den Rhein bis zur Nordsee fertiggestellt. Frankfurt stieg zum Sitz der Europäischen Zentralbank auf.

Der Ludwigshafener Helmut Kohl, der seine politische Karriere in Rheinland-Pfalz begonnen hatte, blieb länger im Amt als jeder andere deutsche Kanzler (1982–1998).

In den Niederlanden begann 2008 an der Rheinmündung in die Nordsee mit dem Projekt »Maasvlakte 2« der gigantische Ausbau des Rotterdamer Hafens, der auch bisher schon mit Abstand der größte Europas war. Deutschland entschloss sich 2011 für den Ausstieg aus der Energiegewinnung durch Atomkraft, damit sind die Tage der deutschen Kernkraftwerke entlang der Rheinlinie gezählt.

Bei der Münsterpfalz in Basel überquert man auf einer beschaulichen Fähre den Rhein.

DER RHEIN

Eine Rheinkreuzfahrt geht man am besten gemütlich an: Wenn Sie nicht gerade eine der Rheinmetropolen wie Basel, Straßburg, Mainz, Köln, Düsseldorf oder Rotterdam besichtigen, sollten Sie einfach den Blick auf Burgen und Kirchen genießen und mit einem Glas Rheinwein auf die großartige Landschaft anstoßen.

Von Basel bis Mainz

Von Basel bis Mainz schlängelt sich der Oberrhein durch ein über 300 km langes und 30–50 km breites Tal – ein fast geradliniger, markanter Graben von Süd nach Nord, von dem sich im Osten Schwarzwald und Odenwald, im Westen die Vogesen und der Pfälzerwald deutlich abheben. Seit alters sind die Städte Basel und Straßburg mächtige Orte am Strom; der Weinbau an den sonnigen Hängen der nahen Hügel ist Kulturgut seit der Römerzeit.

Basel

Die drittgrößte Stadt der Schweiz (knapp 190000 Einwohner) ist von Ackerland, Weiden, Obstgärten und nach Süden hin von den Wäldern der Juraberge umgeben. Am rechten Flussufer hat sich das Kleinbasel als ehemaliges Industrieviertel zum beliebten Stadtteil mit internationalem Flair gewandelt, nicht zuletzt dank der hier ansässigen Messen. Gegenüber im Grossbasel liegt der historische Kern mit seinem gotischen Münster, stattlichen Giebelhäusern aus Mittelalter und Renaissance, renommierten Theatern und Konzertsälen.

Flussblick

Für einen ersten Blick auf die Stadt überqueren Sie am besten vom Zentrum des Grossbasels aus die Mittlere Rheinbrücke (Flusskilometer 166), einen der sechs Flussübergänge. Stromaufwärts scharen sich steilgiebelige Häuser aus dem Mittelalter um das Münster, rheinabwärts sind die pharmazeutischen und chemischen Firmen angesiedelt. Wundern Sie sich nicht über Schwimmer in Ufernähe – das saubere Rheinwasser lädt wagemutige Sportler zu solcher Erfrischung ein.

Von einem Ufer zum andern gelangen Sie an vier Stellen auch mit kleinen **Fährbooten**, die an einem Hochkabel verankert sind und allein durch die Kraft des Wassers langsam vorangetrieben werden. Vom rechten Ufer haben Sie eine herrliche Sicht auf das Grossbasel gegenüber. Den Oberen Rheinweg im Kleinbasel säumen schöne **Patrizierhäuser** des 18. und 19. Jh.; am Gebäude Nr. 93 sind die Hochwasserrekorde des Rheins ab dem Jahre 1641 angezeichnet.

Wiederum am linken Ufer ist nahe der Schifflände 1, wo einige Kreuzfahrtschiffe ihre Reise beginnen, die Skulptur des **Lällekeenig** kaum zu übersehen – ein Sinnbild für die traditionelle Rivalität zwischen den Bürgern zu beiden Seiten des Rheins: Der mittelalterliche Herrscher des Grossbasels streckt den »kleinen« Baslern die Zunge heraus. Letztere rächen sich dafür jedes Jahr im Januar am **Vogel-Gryff-Tag**, wenn ihr »Wilder Mann« mit Greif und Löwe auf der Brücke einen grotesken Tanz aufführt und dem »Zungenkönig« zeigt, wo er ihn mal kann… Die Zeremonie ist das Vorspiel zur Fasnacht der Stadt.

Basel – wie es singt und lacht.
Hart arbeitende Basler haben für Beherrschtheit einen gewissen Ruf. Der deutsche Bühnenautor Rolf Hochhuth meinte dazu, dass im Vergleich zu den hiesigen Einwohnern die berühmte britische Zurückhaltung regelrechter Größenwahnsinn sei. Doch zur Fasnacht sieht alles anders aus. Da ist ganz Basel drei Tage lang mit Masken und Kostümen zu den Klängen von Trommeln und Pfeifen unterwegs, und die Kneipen sind rund um die Uhr gestopft voll. Da Basel traditionell protestantisch ist, beginnen die »drey scheenschte Dääg« am Montag nach Aschermittwoch Punkt 4 Uhr in der Früh. Es wirkt fast wie ein Wunder, dass die Basler einmal nicht arbeiten...

Basel Tourismus

Münsterplatz

Auf einem Bummel vom linken Rheinufer hinauf gelangen Sie zum Münsterplatz aus dem 18. Jh., auf dem schon die Römer ein Kastell gebaut hatten. Heute ragt hier das gotische **Münster** (12. Jh.) mit seinen Stacheltürmen und dem Dach mit geometrischem Ziegelmuster auf; unter Berücksichtigung romanischer Bauelemente, besonders in der Apsis, die noch aus der ersten Kirche an dieser Stelle (1031) stammt, wurde sie im 19. Jh. sorgsam instand gesetzt.

Das festungsartige rote Sandsteingebäude war der Sitz der mächtigen Fürstbischöfe der damaligen deutschen Kaiserstadt, bis sie 1529 der Reformation weichen mussten.

Beachtlich sind die Skulpturen am gotischen Hauptportal zwischen den Türmen, doch noch stattlicher ist an der Nordfassade der Kirche die romanische Galluspforte mit ihrem abgerundeten Bogengang auf schlanken Säulen beiderseits des Giebelfelds, das Jesus während des Jüngsten Gerichts zeigt. Im Innern sehen Sie die Grabinschrift für den Humanisten Erasmus von Rotterdam, der 1536 in Basel starb.

Von der **Pfalz**, einer Terrasse auf der Hinterseite des z. T. romanischen Altarraums, genießt man einen herrlichen Blick über die Stadt und den Rhein und dahinter auf den Schwarzwald im Norden und die Vogesen im Westen. Südlich des Münsters steht das großartige moderne **Stadttheater** an der Theaterstraße über einem mehrstufigen Platz mit einem **Brunnen** des Schweizer Künstlers Jean Tinguely.

Altstadt

Der Altstadtkern ist heute eine Fußgängerzone. Schlendern Sie vom Barfüsserplatz aus über die beiden Hauptgeschäftsstraßen – Falknerstraße und Gerbergasse. Am **Marktplatz** steht als stolzer Ausdruck des Basler Bürgertums das im Stil der Spätgotik und Renaissance erbaute **Rathaus** (16. Jh.); es hat eine goldglänzende Turmspitze, Erkerfenster und einen rechteckigen Glockenturm mit Türmchen aus neuerer Zeit.

Ein wohlgehegtes Überbleibsel der Befestigungsanlagen des 14. Jh. bildet das **Spalentor** westlich vom Marktplatz, das samt Uhrturm, überdachtem Laufgang und zinnenbesetzten Türmen erhalten blieb; die Statuen aus rötlichem Sandstein von Maria und den Propheten an der Westseite stammen aus dem 15. Jh.

Kunstmuseum

Das Kunstmuseum (St. Albangraben 16) war bereits 1661 der Öffentlichkeit zugänglich und zählt heute zu den namhaftesten Museen Europas. Zu den Schätzen deutscher und schweizerischer Kunst des 15. und 16. Jh. zählen die 15 Gemälde von Hans Holbein d. J., der noch während seiner Ausbildung nach Basel gekommen war. Daneben sind Werke von Grünewald, Witz, Schongauer und Baldung Grien zu sehen. Nicht weniger bedeu-

Christian Baur

Basel Tourismus

Basel Tourismus

tend ist die Sammlung moderner Malerei mit Bildern von Ernst, Picasso, Braque, Klee, Rothko, Jasper Johns und Newman. Ein Erweiterungsbau soll ab 2015 zusätzlichen Raum für Sonderausstellungen garantieren.

Museum Jean Tinguely
Das in einem Bau des Schweizer Architekten Mario Botta eingerichtete Museum direkt am Rhein widmet sich Leben und Werk des Eisenplastikers Jean Tinguely (1925–91). Gezeigt werden Zeichnungen, Maschinenskulpturen und Schrottassemblagen der 1950er- bis 80er-Jahre.

Haus zum Kirschgarten
Wie sich gut betuchte Basler Bürger im 18. Jh. eingerichtet hatten, erleben Sie in diesem Haus an der Elisabethenstraße 27 mit Ausstellungen zu Uhren vom 15.–19. Jh. und Meissener Porzellan.

Museum für Gegenwartskunst
Moderne Kunst wird auch im Museum für Gegenwartskunst (St.-Alban-Rheinweg 60) mit Arbeiten von Joseph Beuys, Donald Judd und Frank Stella gezeigt.

Zwei Beispiele zeitgenössischer Architektur: Das Tinguely-Museum von Mario Botta in Basel und das Vitra Design Museum jenseits der Grenze von Frank Gehry. | Zoologische Begegnung.

Basler Zoo

Im »Zolli« unweit vom Hauptbahnhof leben auf ca. 11 ha 6000 Tiere aus allen Erdteilen. Diese traditionsreiche Basler Institution ist der älteste und tierreichste Zoo der Schweiz.

Fondation Beyeler

Außerhalb Basels, in **Riehen**, birgt ein Gebäude von Renzo Piano eine von Europas bedeutendsten Sammlungen an Kunst des 20. Jh.

Schaulager

In der Gemeinde **Münchenstein**, südöstlich der Stadt, dient dieses originelle Gebäude der Basler Architekten Herzog und de Meuron als Kunstlager und Ausstellungsraum zugleich.

Vitra Design Museum

Freunde von Design und Architektur finden im nördlich an das Kleinbasel angrenzenden deutschen Städtchen **Weil am Rhein** Ausstellungen zu modernem Industriedesign in einem passenden Bau des kalifornischen Architekten Frank O. Gehry. Als Besucherzentrum und Showroom dient das Anfang 2010 eröffnete extravagante **VitraHaus** der Basler Architekten Herzog & de Meuron.

Auf dem Rhein-Seitenkanal

Das Flussschiff erreicht von der Basler Schifflände am linken Rheinufer (km 167) rasch das

OBERRHEIN-REGULIERUNG

Bis vor rund 200 Jahren floss der Rhein als Wildwasser durch das Oberrheintal zwischen Basel und Mainz und füllte die breite Senke mit seinen natürlichen Flussschleifen aus, die sich häufig verlagerten. Zu Hochwasserzeiten, z. B. nach der Schneeschmelze, wurden die Auen sogar vollständig überschwemmt. Ab 1813 begann man den Strom zu bändigen: Zwischen Basel und Karlsruhe durchstach man die Mäander und verkürzte so die Länge des Hauptstroms um 82 km. Dadurch steigerte sich die Stromgeschwindigkeit enorm und der Rhein grub sich tiefer in sein Bett ein. Die Maßnahme verhalf den Schiffen zu kürzeren und sichereren Fahrten und dem Rheintal zu neuen Acker- und Waldflächen. Als um 1890 auch noch die Altarme des Rheins abgedämmt, Deiche entlang des Stroms aufgeworfen und Buhnen, die die Fließgeschwindigkeit verringern sollten, angelegt wurden, hatte dies fatale Folgen für das Flusstal: Der Grundwasserspiegel der Rheinaue fiel beträchtlich. Sie trocknete noch weiter aus, als Frankreich ab 1928 auch noch parallel zum begradigten Rhein den breiten Grand Canal d'Alsace (Rhein-Seitenkanal) zunächst bis Breisach baute. Dem Land war im Versailler Vertrag die alleinige Nutzung der Wasserkraft des Rheins zugesprochen worden. Erst in der zweiten Hälfte des 20. Jh. ließ Frankreich von seinen Plänen ab, den Seitenkanal bis Straßburg fortzuführen. Heute ist man sich einig, dass offene Altrheinschlingen die Hochwässer weitgehend auffangen und den Grundwasserspiegel regulieren. Gleichzeitig sind sie bedeutende ökologische Reservate.

Ballonteam Norbert Blau

Dreiländereck, es liegt zwischen einer eleganten Fußgänger- (km 170) und einer Autobrücke (km 171). Nur 4 km weiter verlässt der Schifffahrtsweg auf den folgenden 52 Kilometern den Rhein, der hier die deutsch-französische Grenze darstellt, und verläuft auf französischem Gebiet auf dem Rhein-Seitenkanal (Grand Canal d'Alsace). Vier **Wasserkraftwerke**, Kembs (km 179), Ottmarsheim (km 194), Fessenheim (km 211) und Vogelgrun (km 225) und ihre Staustufen zwingen die Schifffahrt jedes Mal zu Schleusen, bis bei Stromkilometer 226, über 55 m tiefer als in Basel, wieder der Rhein erreicht wird.

Ottmarsheim

Das französische Dorf etwas abseits des Kanals (km 195) ist wenig bekannt, lohnt aber wegen seiner **Abteikirche** einen Besuch. Der achteckige romanische Bau wurde 1030 nach dem Vorbild der Pfalzkapelle in Aachen erbaut. Es handelt sich um das älteste Gebäude im Elsass. Zwei gotische Kapellen kamen im 15. und 16. Jh. beiderseits des Chors dazu. Die Besucher sind beim Betreten der Kapelle überwältigt von der harmonischen Pracht des Innern.

Breisach

Der Ort liegt auf einem Felssporn am rechten Rheinufer und war in den deutsch-französischen Kriegen lange ein Zankapfel. Bekannt sind die Kunstschätze im gotischen **St. Stephansmünster** (km 225): der Schnitzaltar (1526) des Meisters HL (Hans Loy) und Martin Schongauers Fresken des *Jüngsten Gerichts* und der *Auferstehung* (1488–91).

Das bis 557 m hohe Bergland, das sich nördlich von Breisach erhebt, ist der sonnenverwöhnte **Kaiserstuhl**, berühmt für seine Qualitätsweine, die auf vulkanischem Boden bestens gedeihen. Breisach ist Standort der Badischen Zentralkellerei.

Colmar

Eine der reizvollsten elsässischen Städte liegt 16 km westlich von Breisach. Colmar ist nicht nur der Mittelpunkt des elsässischen Weinbaus, sondern auch für seine vielen Brunnen, gotischen Kirchen und Renaissancebauten bekannt. Den Höhepunkt der Stadtbesichtigung bildet das **Musée d'Unterlinden** (in einem ehemaligen Kloster) mit dem sehr eindrucksvollen *Isenheimer Altar* (um 1515) von Matthias Grünewald.

Das **Geburtshaus von Frédéric-Auguste Bartholdi**, der die Freiheitsstatue von New York schuf, ist heute ein Museum. In der Dominikanerkirche sollten Sie auf keinen Fall die wunderschöne *Madonna im Rosenhag* (1473) von Martin Schongauer verpassen.

Typische Elsässer Architektur im Straßburger Viertel Petite France.

Auf dem Rhein von Breisach bis Straßburg

Weitere vier Wasserkraftwerke liegen auf französischem Gebiet an kurzen Kanälen, die westlich vom Rhein abzweigen. Die Schiffe müssen folgende **Schleusen** überwinden: Marckolsheim (km 240; Höhe 13,8 m), Rhinau (km 256; 12,3 m), Gerstheim (km 272; 10,8 m) und Strasbourg (km 287; 10,8 m).

Rechts des Oberrheingrabens erheben sich in der Ferne die sanften Gipfel des Schwarzwalds, links die der Vogesen.

Falls das Schiff Straßburg direkt ansteuert, passiert es die enge Straßburger Südschleuse und legt auf der kanalisierten Ill am **Quai des Belges** an (2 km vom Zentrum). Als Ausgangspunkt für Besichtigungen in Straßburg dient aber auch der Anleger von **Kehl am Rhein** (km 293), idyllisch gelegen im von Deutschland und Frankreich zur Gartenschau 2004 fantasievoll angelegten **Garten der zwei Ufer** (Jardin des deux Rives), dessen französischen und deutschen Teil eine elegante Fußgängerbrücke (**La Passerelle des deux Rives**) über den Rhein verbindet. Busse bringen die Passagiere dann über die nahe Europabrücke rasch zu Straßburgs Sehenswürdigkeiten.

Straßburg

Die elsässische Hauptstadt hat einen vielfältigen Charakter. Den Nationalfeiertag (14. Juli) feiert Strasbourg, das im 17. Jh. französisch wurde, auf überschwänglich patriotische Weise – schließlich wurde hier (und nicht in Marseille) die *Marseillaise*, die spätere französische Nationalhymne, aus der Taufe gehoben. Von deutschen Wurzeln zeugen die Elsässer Mundart, die rheinische Architektur des mächtigen Münsters und die hochgiebeligen Fachwerkhäuser, die sich in der Ill widerspiegeln; deutschen Einfluss verraten aber auch die dampfende *choucroute* (Sauerkraut) und das

Bier, das hier ebenso geschätzt wird wie Riesling und Gewürztraminer, die köstlichen Weißweine. Die Studenten der Universität, die sich in den »Winstuben« treffen, haben Johann Wolfgang von Goethe und Klemens von Metternich als Vorgänger.

Münster

Im Herzen der Stadt steht eines der bemerkenswertesten europäischen Baudenkmäler: das Münster, das auf den ersten Blick durch die asymmetrische Silhouette mit nur einem spitzen Turm über der Westfassade überrascht. Dieses Meisterwerk der Gotik verbindet Stilelemente rheinländischer Dome und der Kathedralen der Ile-de-France und verkörpert geradezu die deutsch-französischen Geschicke des Elsass.

Erwin von Steinbach ist der Hauptteil der prachtvollen **Sandsteinfassade** (ab 1284) zu verdanken, doch er kam in seiner Arbeit nur bis zur Apostelgalerie über der Fensterrose. Ein Jahrhundert später errichtete Ulrich von Ensingen, der Baumeister des Ulmer Münsters, den achteckigen **Nordturm**, dessen anmutiger durchbrochener Helm 1439 von Johannes Hültz aus Köln vollendet wurde.

Von mehreren Hundert **Bildwerken** des Münsters konnten 67 vor der Zerstörungswut der Französischen Revolution gerettet werden. Unversehrt blieb auch das **Hauptportal** mit dem Einzug Jesu in Jerusalem, der Kreuzigung und anderen biblischen Szenen. Die spätgotische **Kanzel** im Innern wurde für den Volksprediger Geiler von Kaysersberg (1445–1510) gebaut, der von ihr herab gegen die Sittenlosigkeit seiner Zeit wetterte. Auf den herrlichen **Glasmalereien** (12.–14. Jh.) im Haupt- und im nördlichen Seitenschiff sind auch deutsche Kaiser dargestellt. Und wenn die **astronomische Uhr** von 1838 im südlichen Querschiff 12 Uhr schlägt (sie hat eine halbe Stunde Verspätung!), ziehen die Figuren der Apostel an Jesus vorbei, während ein Hahn flattert und kräht.

Münsterplatz

An der Ecke der Rue Mercière stand schon im 13. Jh. die **Pharmacie du Cerf** – die Hirschapotheke. Heute birgt sie die Kartenvorverkaufsstelle für kulturelle Anlässe. Gleich davor steht der ***Büchmesser*** (Bauchmesser), wo Sie Ihre Korpulenz messen können. Unübersehbar ist auf der anderen Seite des Platzes das **Haus Kammerzell** (jetzt ein Restaurant) mit seinem Erdgeschoss von 1467 und der reich verzierten Fachwerkfassade des Oberbaus von 1589.

Musée de l'Œuvre Notre-Dame

Das »Frauenhaus-Museum« an der Place du Château, südlich des Münsters, ist in mehreren Häusern des 14., 16. und 17. Jh. untergebracht, die einen Garten aus gotischer Zeit umgeben. Hier sind die Kunstschätze der Stadt aus Mittelalter und Renaissance ausgestellt: Glasmalereien und Originalskulpturen aus dem Münster, Gemälde oberrheinisch-elsässischer Meister wie Konrad Witz, Martin Schongauer und Hans Baldung Grien sowie eine 2009 eröffnete Abteilung mit Glaswaren.

Palais Rohan

Andere bedeutende Museen beherbergt das benachbarte Palais Rohan (18. Jh.), die klassizistische Residenz der Straßburger Fürstbischöfe.

Im Erdgeschoss zeigt das **Musée des Arts décoratifs** eine herrliche Sammlung von Porzellan und Fayencen aus Europa; ein Ehrenplatz ist der einheimischen Familie Hannong eingeräumt – v.a. mit der riesigen Suppenterrine in Form eines Truthahns. Anhand des Mobiliars lassen sich Lebensstil und Geschmack von Adel und Bürgertum im Elsass des 17. und 18. Jh. feststellen.

Das **Musée des Beaux-Arts** im ersten Stock verfügt über Werke von Giotto, Botticelli und Raffael, sowie von Memling, Rubens, van Dyck und Goya; unter den Franzosen ragen Watteau, Delacroix und Courbet heraus.

Das **Musée Archéologique** im Untergeschoss verfolgt anhand von Waffen, Gebrauchsgegenständen, Tonwaren, Schmuck und Skulpturen die Geschichte der Gegend von 600000 v. Chr. bis 800 n. Chr.

Musée Tomi Ungerer

Das Museum an der Avenue de la Marseillaise 2 zeigt ca. 300 Bilder des berühmten elsässischen Illustrators, der seine Privatsammlung mit 10000 Werken veschiedener Künstler der Stadt vermachte.

Jenseits der Ill

Hinter dem Schloss Rohan entdecken Sie jenseits der Ill am Quai des Bateliers und um die malerische Place du Corbeau (14. Jh.) ein Stück Alt-Straßburg. Weiter den Quai Saint-Nicolas entlang erreicht man das **Musée Alsacien** in einer Gruppe von Häusern aus dem 16. und 17. Jh. – wahren Schatztruhen voller Spielzeug, Arbeitsgeräten, Möbeln, Kleidern und Bildern, die den Besuchern das Leben im Elsass des 18. und 19. Jh. vergegenwärtigen.

La Petite France

Das bezauberndste Straßburger Viertel ist La Petite France am Westende der von zwei Armen der Ill umfassten Altstadtinsel, wo früher die Gerber, Müller und Fischer lebten. Die Rue des Dentelles und die Rue du Bain-aux-Plantes sind von soliden Giebelhäusern des 16. und 17. Jh. mit

Fachwerkfassaden und Blumen vor den Fenstern gesäumt – ein deutsches Erbe, dem Namen zum Trotz. Den schönsten Blick auf die Häuser und das himmelstrebende Münster dahinter hat man vom Dach des **Barrage Vauban**, Teil der Verteidigungsanlagen, die Ludwig XIV. vom großen Festungsbaumeister Sébastien Vauban über der Ill errichten ließ (wird bis 2013 restauriert).

Am Südende von La Petite France auf der anderen Seite der Ill liegt seit 1998 das **Musée d'Art moderne et contemporain (MAMCS)**, dessen Besuch sich allein schon wegen der spektakulären Architektur von Adrien Fainsilber lohnt. Gezeigt wird Kunst von Ende des 19. Jh. bis zum 21. Jh.

Palais de l'Europe

Falls nicht gerade der Europarat oder das Europäische Parlament tagen, kann man auf Führungen das Palais de l'Europe besichtigen. Das Europäische Gericht für Menschenrechte berät in der Nähe im 1995 eingeweihten **Palais des Droits de l'homme** mit seiner auffallenden Architektur.

Parc de l'Orangerie

Gegenüber dem Palais de l'Europe gelangen Sie in diesen erholsamen Park. Den **Gartenpavillon** ließ Napoleon 1804 für seine Gemahlin Joséphine erbauen. Ein Wasserfall und Kahnfahrten auf dem künstlichen See gehören zu den Annehmlichkeiten des Parks.

Das **Restaurant Bürehiesel** ist ein elsässisches Bauernhaus aus dem 17. Jh., das man 1885 für eine Industriemesse hierher versetzte.

Der Oberrhein von Straßburg bis Mainz

Aus dem Straßburger Hafen gelangen Binnenschiffe durch die Nordschleuse zurück in den Rhein bei km 296. Zwei Wasserkraftwerke halten nochmals die Schifffahrt durch **Schleusen** auf, Gambsheim (km 309; 10,7 m) und Iffezheim (km 334; 10 m), aber dann fließt der Strom über 700 km ohne weiteren Stau seiner Mündung zu. Bis Stromkilometer 352 bildet der Rhein die natürliche Grenze zwischen Deutschland und dem französischen Elsass, danach zieht er sich 506 km durch Deutschland. Der breite Oberrheingraben findet nördlich von Mainz sein Ende. Weinbau, aber auch Hafenanlagen und industrielle Ballungsräume, so etwa Karlsruhe, Mannheim-Ludwigshafen und die Region um die Mainmündung, sowie die mittelalterlichen Kaiserstädte Speyer, Worms und Mainz kennzeichnen diesen Rheinabschnitt.

Weinland

Schon Straßburg lockt Besucher mit seinen Weinstuben, wo sich die Rheinweine in gemütlichem

Rahmen mit den elsässischen Tropfen vergleichen lassen. Auf dem Weg nach Norden begleiten zwei bekannte deutsche Winzerstraßen den Oberrhein, links die rheinpfälzische »Weinstraße« am Rande des Pfälzerwalds und rechts die »Bergstraße« entlang dem westlichen Odenwald. Wo kurz vor Mainz das Rheinhessische Bergland das linke Rheinufer berührt, stoßen die Weingärten sogar direkt ans Flussufer.

Karlsruhe

Karlsruhe, 1715 als Residenz des Markgrafen von Baden-Durlach rechtsrheinisch einige Kilometer abseits vom Ufer (km 360) gegründet, wurde 1806 Hauptstadt des Großherzogtums Baden. Vom Barockschloss strahlen die Straßen im Halbkreis nach Süden aus, im Norden schließt ein Halbrund von Gärten das Bild. Vom Rhein aus nimmt man zwischen km 360 und 366 Karlsruhe als bedeutenden Standort von Erdölraffinerien, chemischer, pharmazeutischer und Elektroindustrie wahr, die Stadt selbst ist ein kulturelles Zentrum und Sitz der obersten Gerichte Deutschlands. Die sehenswerte **Staatliche Kunsthalle** besitzt Werke von Grünewald, Hans Baldung Grien und Dürer.

Germersheim

Schon zur Römerzeit bestand in Germersheim (km 384) links des

Rheins ein Kastell; der Ort wurde im Mittelalter Freie Reichsstadt. Das heutige Städtchen ist bekannt für seine teils geschleiften, aber sonst immer noch mächtigen Festungsanlagen aus dem 19. Jh.

Speyer

Auf der Weiterfahrt durch die Oberrheinebene tauchen die mächtigen Umrisse des **Doms** von Speyer auf. Der gewaltige Bau verrät die historische Bedeutung der Stadt, in der während der Reformationszeit zweimal der Reichstag zusammentrat: 1529 »protestierten« hier die Anhänger der Reformation gegen die Ächtung Luthers 1521 in Worms. Man erreicht ihn vom Schiffsanleger (km 400) aus durch einen Park. Der ungewöhnlich hohe Dom – zu Recht auch Kaiserdom genannt und Teil des Weltkulturerbes der UNESCO – hat sechs Türme und zwei Schiffe. Er entstand im 11.–12. Jh. unter der Salierdynastie; vier Kaiser und vier Könige dieses Hauses ruhen im Dom. Eine elegante Zwerggalerie läuft um Langhaus und Querschiff. Im Innern fallen die Kreuzgratgewölbe auf. Die große Krypta und die Kaisergruft sind ein Muss im Besuchsprogramm.

In der mittelalterlichen Stadt lässt es sich gemütlich flanieren. Sehenswert ist der **Judenhof**, das einstige Zentrum von Speyers jüdischer Gemeinde (Reste der Synagoge von 1104 und das rituelle Bad blieben erhalten), und die spätbarocke Dreifaltigkeitskirche (18. Jh.).

Der Dom von Speyer ist die größte romanische Kirche der Welt.

Das **Historische Museum der Pfalz** südlich des Doms dokumentiert die Geschichte Speyers ausführlich. Das dazugehörige **Weinmuseum** hegt neben Winzergerät auch Deutschlands ältesten Wein: ein noch flüssiges Erzeugnis der Römer aus dem 3. Jh. in einer Flasche, die steinhart mit Harz versiegelt ist.

Mannheim

Mannheim auf dem Ostufer am Zusammenfluss von Rhein und Neckar (km 428) wird seiner Doppelrolle als Kulturstadt und Industriehafen völlig gerecht. Im 18. Jh. verlegten die Kurfürsten von der Pfalz ihre Residenz hierher in einen prachtvollen Barockpalast, das **Schloss Mannheim**. Dessen Dächer und Türme ragen bei

km 424 zwischen den Bäumen des Schlossparks heraus. Die Stadt blühte zur Hochburg von Musik und Schauspiel auf, die auch Mozart und Schiller anzog. Das supermoderne **Nationaltheater** pflegt die Tradition. Außer dem Schloss wurden auch andere Barockgebäude wie die Jesuitenkirche und das Rathaus sehr schön restauriert. Die **Städtische Kunsthalle** birgt eine der besten Sammlungen Deutschlands mit Werken des 19. und 20. Jh.

Ein Abstecher führt von hier den Neckar entlang nach Heidelberg mit seiner Schlossruine.

Ludwigshafen

Gegenüber von Mannheim liegt Ludwigshafen; an der Stelle einer kleinen Festung aus dem 17. Jh. entstanden, entwickelte es sich erst im 19. Jh. zur Stadt. Die chemischen Betriebe in diesem Rheinhafen wurden im Krieg und 1948 durch eine Explosionswelle fast völlig zerstört; die heutigen modernen Werksanlagen der BASF und anderer Firmen begleiten den Strom ununterbrochen von km 426 bis km 432.

Worms

Wer sich Worms nähert, dem sticht am Rhein zuerst der gewaltige Turm der **Nibelungenbrücke** (km 444) von 1900 ins Auge, und unweit des Anlegers der Rheinschiffe erinnert die Statue Hagens von Tronje daran, dass der sagenhafte Nibelungenschatz hier im Rhein versenkt worden sein soll. Worms nimmt bei den drei Konfessionen, die Deutschlands Geschichte prägten, eine einzigartige Stellung ein. Das prächtige katholische Wahrzeichen ist der romanische **Dom**, eine doppelchörige Basilika – wie in Mainz – mit je einem achteckigen Turm über der Ostvierung und dem Westbau sowie zwei höheren schlanken Rundtürmen paarweise an jedem Chor. Der Bau wird aufgelockert durch Zwerggalerien um alle Türme. Beachten Sie auf der Innenseite des gotischen Südportals die Skulptur des Thronenden Christus. Den großen Barockaltar schuf Balthasar Neumann. Die Protestanten haben der Bedeutung der Stadt für ihren Glauben mit dem **Lutherdenkmal** (Ernst Rietschel, 1868) nördlich des Doms gedacht: Hier weigerte sich der Reformator 1521, vor Kaiser und Reichstag seine Kritik an der Kirche zu widerrufen. Luther ist von anderen Kirchenrebellen umringt: Waldus, Wycliffe, Hus und Savonarola.

Im 11. Jh., als die Juden fast ein Drittel der Einwohnerschaft ausmachten, weilte der große Talmudgelehrte Rabbi Schlomo ben Itzhak, genannt Raschi, in der Stadt. Neben dem **Raschi-Haus** mit einem kleinen Museum in der Hinteren Judengasse steht

Das Rheingold. Das Rheinland ist von manch aufregender Sage umhüllt. Aus dem finstersten Mittelalter stammt eine der berühmtesten, nämlich das Nibelungenlied. Dieses regte Richard Wagner zu seinem grandiosen Opernzyklus *Der Ring des Nibelungen* an. Die Nibelungen sind boshafte Zwerge, Wächter eines märchenhaften Goldschatzes, der mit einem Fluch belegt ist. Siegfried, ein heldenhafter Fürst aus dem Norden, erwirbt diesen Goldschatz und geht nach Worms, wo er um Kriemhild, die Schwester des Königs Gunther, wirbt; doch er erhält sie erst, nachdem er Brünhild, die Königin von Island, mit viel List und Tücke für Gunther zur Frau erworben hat. Als Brünhild erfährt, dass nicht Gunther die gestellten Aufgaben erfüllt hat, sondern der für sie unsichtbare Siegfried, lässt sie diesen durch Hagen von Tronje ermorden. Um Kriemhild zu entmachten, nimmt ihr dieser auch den Nibelungenschatz weg und versenkt ihn im Rhein. Bei ihren Racheplänen findet Kriemhild schließlich im Hunnenkönig Etzel den richtigen Mann, den sie auch heiratet; durch dessen Gefolgsleute erhalten Brünhild, Gunther und Hagen in einem der damals üblichen Blutbäder ihre Strafe. Und seitdem ruht der Schatz in den trüben Fluten des Rheins...

Nierstein ist eines der bekanntesten Dörfer im Weinbaugebiet Rheinhessen.

Huber/Gräfenhain

Europas erste Synagoge aus Stein (1034). Sie wurde mehrmals zerstört – nicht durch Kriege, sondern durch Mitbürger – und wieder aufgebaut, zuletzt in den 1960er-Jahren. Ein Hort der Stille ist jenseits des alten Stadtmauernrings der »Heilige Sand«, Europas ältester Judenfriedhof.

Zu den Rheinhessischen Weinorten

Nördlich von Worms nähert sich das Rheinhessische Bergland von Westen dem Strom. Die pappelgesäumten Ufer im ebenen Osten werden vom stillgelegten Kernkraftwerk **Biblis** (km 455) und vom Städtchen **Gernsheim** (km 462) unterbrochen. Das alte Fischerdorf, das an einem Rheinbogen liegt, diente schon den Römern als Hafen und ist heute der Mittelpunkt der Maria-Einsiedel-Pilgerfahrt.

Ab **Oppenheim** (km 480) erreicht das Bergland das Rheinufer und Sie kommen an riesigen Weingärten vorbei. Die gotische Katharinenkirche (14. Jh.) ist bekannt für ihre mittelalterlichen Buntglasfenster im Schiff und dem Ostchor; auch das Beinhaus kann besichtigt werden. Viele Weinkeller von Oppenheim bieten Führungen mit Kostproben an, und im Deutschen Weinbaumuseum (geöffnet von April bis Oktober) erfahren Sie mehr über Herstellung und Geschichte des Weins.

Bei km 482 taucht **Nierstein** auf, inmitten von Weingärten am Westufer des Flusses; zusammen mit Oppenheim führt es die Spitzenklasse der Weine aus Rheinhessen an. Den nordöstlichen Abschluss dieses Hügellands bildet am markanten Rheinknie die Stadt Mainz; ihr gegenüber mündet bei km 497 der Main in den Rhein.

Gute und schlechte Seiten. Der auf einer Strecke von 870 km schiffbare Rhein ist über mehrere Kanäle mit Main und Donau verbunden. Dank diesem System können große Schiffe (mit über 5000 t Eigengewicht) von der Nordsee zum Schwarzen Meer durchfahren. Da der billige Güterverkehr auf dem Strom seit dem 19. Jh. rasch zunahm, konnten die Preise für Rohmaterial niedrig gehalten werden – so wurde der Rhein zum Anziehungspunkt für die industrielle Produktion. In den Fabriken an seinen Ufern wurde bis zu einem Fünftel der chemischen Erzeugnisse der Welt hergestellt. Analysen haben ergeben, dass mehr als 6000 giftige Substanzen im Flusswasser vorhanden sind. Diese Sachlage hat aber auch ihr Gutes: Während der Rhein jahrhundertelang im Mittelpunkt europäischer Kriege stand, zwingt die Sorge um die Umwelt heute die einstigen Feinde, gemeinsame Lösungen zu finden.

istockphoto.com/Rippel

Der dem hl. Martin von Tours geweihte Mainzer Dom beherrscht seit Jahrhunderten die Altstadt von »Aurea Moguntia«.

Von Mainz bis Koblenz

Die Flussstrecke im legendären Herzen des Rheintals zwischen Mainz und Koblenz misst nur gerade 93 km. Doch seit die römischen Truppen Julius Cäsars diese Gegend besetzten, hat sich hier »eine Menge Geschichte« abgespielt: vom Mittelalter und der Renaissance, als Mainz Heimstatt von Gutenbergs Druckerpresse war, bis zu Napoleons zeitweiliger Besetzung.

Mainz

Die Stadt Mainz (200 000 Einwohner, km 498) gilt als ein Hort rheinischer Fröhlichkeit – obwohl nicht immer Grund dazu bestand. Sie war die nördliche Schlüsselstellung der Verteidigungsanlagen des Römischen Reiches, die Feste des Vatikans für die Kontrolle über das katholische Europa, ein bedeutendes Handelszentrum im Mittelalter, Heimstatt des »Buchdruck-Erfinders« Johannes Gutenberg und ein Brennpunkt nationalen Gedankenguts zu Deutschlands Einheit. Doch das »Goldene Mainz« verlor nie seinen Humor, der während des Karnevals besonders hohe Wellen schlägt. Zur Mainzer Geschichte gehören zahllose Invasionen und Kriege, von denen der letzte am verheerendsten war; dagegen zeigt sich die Gegenwart wieder von ihrer heitersten Seite.

Dom

Der Dom steht wie ein Abbild der Stadt und ihrer Einwohner da – drall, mit rötlich gesunden Zügen, doch trotz seiner Ausmaße gemütlich; einen schönen Überblick hat man vom alten Friedhof südwestlich der Kirche. Bezeichnend für das Rheinland sind in dieser romanischen Basilika die Altarräume an beiden Enden, über denen majestätische Türme aufragen: an der Ostseite das schlichte Bauwerk aus dem 12. Jh., gegenüber die Ausführung in Romanik, Gotik und Barock. Der Mainzer Dom hat insgesamt sechs Türme.

Brände, Kriege und selbst plündernde Bauspekulanten beraubten das Innere des Doms vieler seiner Schätze. Zahlreiche herrliche Kunstwerke sind jedoch erhalten. Bemerkenswert sind die über 1000 Jahre alten Bronzetüren des Marktportals (13. Jh.), durch das Sie die Kirche betreten. In der Kathedrale sind 45 Erzbischöfe beigesetzt, 29 davon in monumentalen Gräbern von der Gotik bis zum Klassizismus.

Am prachtvollsten sind am Westende des Schiffs drei von Hans Backoffen im 16. Jh. geschaffene Skulpturen, die Uriel von Gemmingen, Jakob von Liebenstein und Berthold von Henneberg darstellen. Sehenswert im Westchor ist auch das elegante geschnitzte Rokokogestühl. Die St.-Magnus-Kapelle links vom

Ostaltar schmückt eine wundervolle Skulpturengruppe aus dem 15. Jh. mit Christi Grablegung.

Ein Besuch im Museum der Kathedrale bietet einen Blick auf die über die Jahrhunderte geretteten Bildhauerwerke. Sehr beachtenswert sind Reste des Lettners (13. Jh.). Eine der Statuen stellt den Architekten dar, der als Pfeiler unter der Last eines Eingangstors über Rückenschmerzen stöhnt…

Auf dem Marktplatz nördlich des Doms steht der **Marktbrunnen**, Deutschlands ältester Renaissancebrunnen (1526); er erinnert an den Sieg Karls V. über die Franzosen bei Pavia.

Gutenberg-Museum

Das moderne Gutenberg-Museum am Liebfrauenplatz umschließt das Gasthaus *Zum Römischen Kaiser* (17. Jh.); seit 1962 trägt es den Titel »Weltmuseum der Druckkunst«. Hier wird die Geschichte der menschlichen Bemühungen um eine schriftliche Verständigung aufgezeigt – von primitivem Stein und Papyrus über die Gutenberg-Bibel bis zu heutigen Kommunikationsmitteln. Einen Ehrenplatz nehmen die Asiaten ein, die bereits vor Gutenberg Drucktechniken kannten. In der nachgebildeten Werkstatt des Mainzer Meisters im Untergeschoss finden sehenswerte Vorführungen statt.

Haus des Deutschen Weines

Mainz ist ein Zentrum des Weinhandels, und Ende des Sommers findet eine Weinmesse statt. Das ganze Jahr über können Sie Weine aus ganz Deutschland im Haus des Deutschen Weines am Gutenbergplatz probieren.

Altstadt

Vorher sollten Sie sich aber ein wenig die Altstadt anschauen. Zu den sehr ansehnlichen Barockresidenzen zählen der **Jüngere Dalberger Hof** an der Klarastraße, der **Bassenheimer Hof** am Schillerplatz und der **Erthaler Hof** in der Schillerstraße 44.

Das Gassengewirr der Altstadt birgt auch zwei prächtige Kirchen: die barocke **Augustinerkirche** und die **St.-Ignaz-Kirche** am Übergang vom Rokoko zum Neuklassizismus. Zwischen Dom und Rheinufer steht der moderne Komplex von **Rathaus** und **Rheingoldhalle**.

Nicht weit von hier stehen zwei Überbleibsel der mittelalterlichen Stadtmauer: der **Eisenturm** und der **Holzturm**.

Unter dem Namen Moguntia war Mainz die Hauptstadt Obergermaniens; im **Römisch-Germanischen Zentralmuseum**, das im einstigen Kurfürstlichen Schloss am Rheinufer untergebracht ist, sind die reichen römischen Relikte bis in die Zeit vor der Geburt Christi zu sehen.

WEGBEREITER FÜR LUTHER

Johannes Gensfleisch, genannt Gutenberg (um 1390–1468) war von Beruf Goldschmied und beschäftigte sich mit dem Buchdruck als Hobby. Er hatte sich vorgenommen, die Abbildungen und Farben mittelalterlicher religiöser Handschriften mit beweglichen Lettern nachzubilden. Als sich hölzerne Druckblöcke als zu unhandlich erwiesen, versuchte er es mit einer neuen Metalllegierung und einer ölhaltigen Druckerfarbe, die es erstmals erlaubte, Papier beidseitig zu bedrucken. Seine Technik entwickelte er hauptsächlich während seines Exils in Straßburg in den 1430er-Jahren, doch er kehrte nach Mainz zurück und stellte 1446 seine erste Druckerpresse auf. Sein berühmtestes Werk ist die Gutenberg-Bibel, die man wegen der Zeilenzahl in beiden Spalten jeder Seite die 42-zeilige Bibel nennt. Schulden zwangen ihn, die Erfindung seinem Goldschmiedkollegen und Geschäftspartner Johann Fust zu überlassen, doch dank Kurfürst-Erzbischof Adolf von Nassau kam er wieder auf die Beine. Diese Geste bereute die katholische Kirche vielleicht später, als die Protestanten dank dem Buchdruck die Traktate Martin Luthers in ganz Europa verbreiteten.

stadt.mainz

Wiesbaden

Etwa bei km 500 ist das Nordende des Oberrheinischen Grabens erreicht, und das Flusstal macht vor dem Gebirgsriegel des Taunus einen deutlichen Schwenker nach Westen. Wenige Kilometer abseits des Nordufers rühmt sich Wiesbaden, die Landeshauptstadt Hessens mit 275 000 Einwohnern, des angenehmsten Klimas aller Kurorte im Taunus; die schicken Boutiquen in dieser eleganten Stadt sind an der Wilhelmstraße zu finden. Das **Museum Wiesbaden** (Friedrich-Ebert-Allee 2) beherbergt v. a. Werke deutscher Künstler – Lucas Cranach, Bartel Bruyn, Max Beckmann, Lovis Corinth und Max Liebermann –, aber auch des Russen Alexej von Jawlensky.

Im **Kurpark** können Sie während eines der vielen Freiluftkonzerte den Duft von Blumen und Sträuchern schnuppern, oder Sie wandeln durch den Park hinter dem Barockschloss Biebrich am Rheinufer (18. Jh.; km 503), der im 19. Jh. zu einer romantischen Gartenanlage umgestaltet wurde.

Das Obere Mittelrheintal

Von Mainz aus erreicht man flussabwärts bald das legendäre Rheintal: Das Gebiet zwischen Bingen und Koblenz ist eine großartige Kulturlandschaft und zählt heute zum Weltkulturerbe der UNESCO.

Rüdesheim
Gleich westlich von Wiesbaden ziehen sich am sonnenverwöhnten Südhang des Rheingaugebirges Weinberge hin; einige der großen Weingüter gehen auf Klöster zurück, wie das weithin sichtbare Schloss Johannisberg. Am Ufer grüßen freundliche Weinorte wie **Eltville** (km 511) und **Oestrich-Winkel** (km 519). Rüdesheim (km 526) ist wohl das bekannteste Weindorf des Rheinlands. In der Drosselgasse geben sich Besucher in Kneipen und Weinkellern die Klinke in die Hand. Rummel herrscht besonders im Sommer – an berühmten Rieslingen, an Sekt und Branntwein mangelt es nicht. Die Weinbaugeschichte ist in der **Brömserburg** (erbaut um 1200) erläutert. Im Krieg wurden die meisten Fachwerkhäuser zerstört, doch ihre Nachbildungen sind auch schon malerisch verwittert. In der Oberstraße kann man im **Brömserhof**, ein prächtiger Bau aus Gotik und Renaissance, den Musikautomaten in **Siegfrieds Mechanischem Musikkabinett** lauschen.

Eine Seilbahn führt über die Weinhänge von Rüdesheim zum **Niederwalddenkmal** hinauf, dessen über 10 m hohe Statue der Germania die deutsche Kaiserkrone hochhält: Manche sind davon ehrfürchtig angetan, andere eher belustigt; es wurde 1883 als Mahnmal der deutschen Einigung nach Frankreichs Niederlage im Krieg von 1870–71 erbaut. Der Blick ins Rheintal ist herrlich.

Bingen
Wo östlich von Bingen bei km 526 von einem Hügel die Rochuskapelle grüßt, die auffälligste der wieder aufgebauten Kirchen der Stadt, beginnt die von Bergen eingerahmte Strecke des Mittelrheins, die zum UNESCO-Welterbe zählt. Bingen mit seinem Hafen und Bahnhof ist ein Verkehrsknotenpunkt – was es im letzten Krieg heftig zu spüren bekam – doch der Wein hiesiger Lagen hat nicht darunter gelitten. Am Rheinkilometer 529 mündet

Ein Bischof und Mäuse. Während einer Hungersnot zeigte Erzbischof Hatto von Mainz (850–913) mit der um Nahrung bettelnden Bevölkerung kein Erbarmen. Er schloss die Rädelsführer in eine Scheune und steckte diese an. »Hört nur, wie meine kleinen Mäuse quieken«, soll er auf dem Rückweg zum Palast gesagt haben. Das Feuer brachte die Unruhestifter um, trieb aber auch Tausende von Mäusen aus dem Heu und ins erzbischöfliche Palais. Erzschurke Hatto floh nach Bingen in den Turm im Rhein, doch die kleinen Nagetiere blieben ihm auf den Fersen und fraßen ihn auf.

die Nahe. Mitten im Rhein steht der zinnenverzierte **Turm der alten Zollstation**; einer Legende nach soll in diesem sogenannten Mäuseturm ein Kirchenfürst sein grausames Ende gefunden haben. Am rechten Uferhang ragt die Ruine der mittelalterlichen **Burg Ehrenfels** aus den Weinbergen.

Assmannshausen

Im rechtsrheinischen Assmannshausen (km 533) probiert man am besten einen der wenigen guten Rotweine des Rheintals; er wird hier spätestens seit dem 12. Jh. angebaut und war das bevorzugte Getränk Ottos von Bismarck. Im Kurhaus versuchen Gäste im warmen Lithiumwasser ihre Gliederschmerzen zu kurieren. Während sich an den der Sonne zugekehrten rechten Rheinuferhängen Weinberge hinziehen, sollte man bei der Weiterfahrt an den linken Berghängen Ausschau halten nach den Burgen Rheinstein (km 533), Reichenstein (km 534), Sooneck (km 537), Hohneck (km 539) und Fürstenberg (km 541).

Lorch

In Lorch (km 540) auf der rechten Rheinseite besuchen Kunstliebhaber die gotische **St.-Martin-Kirche** wegen ihres Hochaltars aus dem 15. Jh., ihres Chorgestühls und einer Kreuzigungsszene (13. Jh.). Wer lieber Wein mag, kehrt im stattlichen **Hilchenhaus** ein, das 1548 als prächtiger Renaissance-Herrensitz entstand. Und über allem thront die Ruine der **Burg Nollig**.

Bacharach

Über Bacharach (km 543) erhebt sich **Burg Stahleck**, deren mittelalterliche Ruine 1931 zur Jugendherberge wurde. Zwischen Burg und Stadt gelegen, erinnert am Hang die Ruine der **Wernerkapelle** an den Tod eines Jungen im Jahr 1287, der angeblich einem Ritualmord der Juden zum Opfer fiel – ein Vorwand, der später zu einem Pogrom führte. Ein französisches Heer, Erdrutsche und ein Erdbeben machten aus der Kapelle ein romantisches fensterloses Gehäuse, das nun von wilden Blumen und Buschwerk überwuchert ist.

Hübsche Fachwerkhäuser wie das **Alte Haus** (1568) und andere blumengeschmückte Gebäude – besonders prachtvoll sind sie rund um den Markt – bilden einen gemütlichen Rahmen für die Besucher dieser Weinhochburg, die im Mittelalter ein bedeutender Umschlagplatz für Rheinschiffe war.

Kaub

Mitten im Rhein liegt malerisch die Burg **Pfalzgrafenstein** (14. Jh., km 546), während sich am rechten Ufer das Städtchen Kaub hinzieht, von wo General Blücher seine preußischen Truppen am Neujahrstag 1814 über den zugefrorenen Rhein führte und Napoleons Heer zurück nach Frankreich verfolgte. Oberhalb von Kaub grüßt die **Burg Gutenfels**.

Oberwesel

Die bemerkenswerte Stadtmauer von Oberwesel (km 550) zählt sage und schreibe 16 trutzige Türme (13.–15. Jh.). Die gotische **Liebfrauenkirche** aus rotem Sandstein birgt einen dem hl. Nikolaus geweihten Altar.

Die Ruine der **Schönburg** (12. Jh.) über der Stadt ist heute Teil einer Hotelanlage.

Loreley

Schmal ist der Rhein an diesem Flussbogen bei km 554 südlich vom rechtsrheinischen St. Goarshausen: Hier ragt steil der ge-

»Und das hat mit ihrem Singen die Loreley getan«

Ich weiß nicht, was soll es bedeuten,
dass ich so traurig bin;
ein Märchen aus uralten Zeiten,
das kommt mir nicht aus dem Sinn.

So lauten die ersten Zeilen des berühmten Loreley-Liedes. Der in Düsseldorf geborene Heinrich Heine war 26 Jahre alt, als er sein Gedicht zur Loreley-Legende schrieb. Nachdem ihm seine Kusine Amalia und dann deren Schwester Therese den Laufpass gegeben hatten, verfiel er in Verzweiflung. Die Loreley gehört zu den Dutzenden von Gedichten, in denen er halb sarkastisch, halb ironisch seinen Weltschmerz zum Ausdruck brachte. Die schöne Sirene mit goldenem Haar, goldenem Kamm und goldener Halskette war zweifellos seine grausame Therese; in dem armen kummervollen Schiffer in seinem Boot, der von ihrem Gesang betört unten am Felsen zerschellte, ist unschwer der Dichter selbst zu erkennen...

Huber/Gräfenhain

Bildagentur Huber

Heute ist die Burg Katz ein Hotel mit atemberaubender Aussicht .

zackte, baumbestandene Felsen der Loreley auf – die Sirene dieses Namens inspirierte Heinrich Heine zu seinem berühmten Gedicht. Dessen melancholische Stimmung ist am besten im Abendsonnenschein zu verspüren.

Von der Felsspitze aus hat man einen herrlichen Blick auf Oberwesel und die Reste der Schönburg auf der anderen Seite des Rheins sowie auf die schnell fließenden Fluten tief unten, wo die Schöne so manchen Schiffer ins Verderben lockte.

St. Goar und St. Goarshausen

Das enge Rheintal macht aus St. Goarshausen (km 556) kaum mehr als eine lange Reihe von Häusern, von denen viele immerhin aus dem 16. Jh. stammen; unterhalb von Weinbergen halten sie sich dicht ans Ufer des Flusses. Am **Rathaus** erinnert eine Steinplatte in gotischen, griechischen und hebräischen Buchstaben an das Jahr der Entstehung seiner Fassade – 1532.

Burg Katz, die Ende des 14. Jh. vom Grafen Johann von Katzenelnbogen erbaut wurde und südlich oberhalb des Orts liegt, wird meist in einem Atemzug mit der **Burg Maus** genannt, die 3 km nördlich gelegen ist und ursprünglich Deuernburg (14. Jh.) hieß.

Auf der linken Rheinseite breitet sich oberhalb von St. Goar die **Festung Rheinfels** aus, die seit 1245 bezeugt ist.

Kamp-Bornhofen

Über dem Doppelort Kamp-Bornhofen wachen zwei restaurierte Festungen aus dem Mittelalter: **Burg Liebenstein** und **Burg Sterrenberg**, die »feindlichen Brüder«.

Wallfahrer kommen nach Bornhofen (km 567), um der wundertätigen Pietà in der gotischen Klosterkirche aus dem 13. Jh. die Ehre zu erweisen. Kamp (km 568) hat zudem ein interessantes **Flößer- und Schiffermuseum**.

Boppard

Boppard (km 570) war schon zur Römerzeit eine wichtige Stadt. Über die Rheinallee an der **Alten Burg** – Kurfürstlicher Sitz seit dem 14. Jh., heute Stadtmuseum – und an sorgsam restaurierten Bauten aus dem Mittelalter wie dem Adelshof **Ritter-Schwalbach-Haus** vorüber lässt es sich gut bummeln. Die Reste der römischen Wehrmauern sind an manchen Stellen bis 9 m hoch. Am Marktplatz über der Stätte römischer Bäder erhebt sich die zweitürmige spätromanische **St.-Severus-Kirche**, die dem Schutzpatron der Stadt geweiht ist; ihr Inneres birgt zwei schöne Skulpturen aus dem 13. Jh., eine Jungfrau Maria und einen gekreuzigten Jesus. In der im Renaissancestil ausgestalteten **Karmeliterkirche** ist vor allem das Chorgestühl zu bewundern.

Am nördlichen Stadtrand führt ein Sessellift zum Aussichtspunkt **Vierseenblick**: Von hier aus wirken die vier Flussabschnitte wie Seen. Auf dem Weg nach Rhens liegt am linken Ufer der berühmte Weinhang »**Bopparder Hamm**« in einer weiten Rheinschleife.

Braubach

Dieser mittelalterliche Bergwerksort (km 580) mit den hübschen Rosengärten am rechten Flussufer, Fachwerkhäusern und mit Türmchen besetzten Stadtmauern ist v. a. für die **Marksburg** bekannt. Diese Feste auf dem Hügel entstand wohl zu Beginn des 13. Jh. und wurde bis zum 17. Jh. mehrmals umgebaut. Als einzige Burg entging sie in diesem Teil des Rheintals 1689 der Zerstörung durch die Truppen Ludwigs XIV. Waffensaal, Folterkammer, Küche und Frauengemächer mit Originaleinrichtung können besichtigt werden. Blei und Edelmetalle wurden in Braubach gar bis ins 20. Jh. verhüttet; die giftigen Abgase leiteten die Braubacher einfach durch die drei auffälligen Schlote auf dem Hügel weit oberhalb der Burg...

Schloss Stolzenfels

Das Bauwerk auf halbem Hang am linken Ufer (km 585) gehörte einst der Stadt Koblenz; 1823 schenkte sie die Ruine aus dem 13. Jh. dem preußischen Kronprinzen, dem späteren König Friedrich IV. Wilhelm. Im Zuge des Nationalismus und der Ritterromantik im 19. Jh. ließ er die Burg 1835–46 nach Plänen des Architekten Karl Friedrich Schinkel als Sommerresidenz mit zinnenbekrönten Türmen, Bogen und Außentreppen im englischen Tudorstil wieder errichten. Einige repräsentative Räume und der Park des 2011 restaurierten Schlosses sind zu besichtigen.

Die Festung blickt hinüber zur Mündung der Lahn und dem Ort Lahnstein mit der **Burg Lahneck**.

Sonnenuntergang über dem Deutschen Eck
in Koblenz, wo die Mosel in den Rhein fließt.

Huber/Stadler

Von Koblenz bis zur Nordsee

Die Stadt Koblenz am Nordende des UNESCO-Welterbes »Oberer Mittelrhein« ist auch Ausgangspunkt für weitere spektakuläre Landschaften: die Weinkulturen entlang der gewundenen Mosel oder, rheinabwärts, das vulkanische Bergland am Unteren Mittelrhein, wo die einstige Bundeshauptstadt Bonn liegt.

Weiter stromabwärts, ab Köln, zieht der Niederrhein seine breiten Schleifen erst durch hochindustrialisiertes und verstädtertes Gebiet, vorbei an Düsseldorf und Duisburg, dann durch nahezu tischebenes Grünland, das sich jenseits der niederländischen Grenze bis zur Nordsee fortsetzt. Die Hafenmetropole Rotterdam liegt nahe der Mündung, während die prächtige alte Hafenstadt Amsterdam über den Amsterdam-Rijnkanaal erreicht wird.

Koblenz

In fernen Tagen kam Koblenz, dessen Name vom lateinischen Wort *confluentes* abgeleitet ist, seine Lage am Zusammenfluss von Mosel und Rhein zugute. Es war Sammelpunkt für Weine aus zwei Tälern, und es erhob Zölle von den Händlern, die von einem Fluss in den andern fuhren. Im 2. Weltkrieg wurde die Stadt fast vollständig zerstört, aber sie bietet dennoch einen faszinierenden Einblick in ihre Vergangenheit – und eine Gelegenheit zur Weinprobe. 2011 beherbergte Koblenz die Bundesgartenschau mit den drei Kernbereichen beim Kurfürstlichen Schloss, beim Deutschen Eck und bei der Festung Ehrenbreitstein, die man nun von den Rheinanlagen aus (auf der Höhe der Kastorkirche) über eine Kabinenseilbahn erreichen kann.

Deutsches Eck

Die Landspitze am Stromkilometer 592, wo die Mosel in den Rhein mündet, war im 13. Jh. im Besitz des Deutschen Ordens und hieß seither das Deutsche Eck. Die Ritter sind längst verschwunden, aber der Name blieb passend: Man errichtete hier 1897 zu Ehren von Kaiser Wilhelm I. ein bronzenes Reiterstandbild. Zwar wurde es im Zweiten Weltkrieg »abgeschossen«, doch der Sockel mit den Worten »Nimmer wird das Reich zerstöret, wenn Ihr einig seid und treu«, blieb während der Teilung Deutschlands an seinem Platz. Seit 1992 erhebt sich hier eine 14 m hohe Nachbildung der Statue; am Ufer wehen die Flaggen aller Bundesländer. Wenn Sie die 107 Stufen hinaufsteigen, genießen Sie den Blick auf die Altstadt an der Mosel und über den Rhein hinweg zur Festung Ehrenbreitstein.

Rheinanlagen

Das Denkmal bildet den Abschluss der Rheinanlagen, einer von Ahornen und Weiden bestandenen Uferpromenade. Den Park längs des Flusses ließ sich ein französischer Regierungsbeamter während der Napoleonischen Besatzung des Rheinlands einfallen, doch als Koblenz später preußische Provinzhauptstadt war, wurde er in seiner heutigen Form von Kaiser Wilhelms Gemahlin Augusta angelegt, mit Fürst Pückler-Muskau und Peter Joseph Lenné als Beratern. Nach dem Spaziergang kann man in eine der Schenken im **Weindorf** einkehren; dieses ist das Überbleibsel der Weinmesse von 1925. Es wartet auf mit Tanzaufführungen und Weinproben wie zu jener Zeit.

Nördlich der Pfaffendorfer Brücke ist das klassizistische **Kurfürstliche Schloss** nicht zu übersehen, dessen komplette Innenausstattung 1944 den Bomben zum Opfer fiel.

Südlich vom Deutschen Eck ragt die romanische **Kirche St. Kastor** auf, in deren Innern sich die monumentalen gotischen Grabstätten für die Trierer Erzbischöfe Kuno von Falkenstein und Werner von Königstein befinden. In dieser Kirche wurde 843 der Vertrag von Verdun erarbeitet, der die Teilung des Karolingerreichs zur Folge hatte.

Gleich nördlich des Gotteshauses werden Opern und Konzerte unter freiem Himmel im Blumenhof aufgeführt, der zum Deutschherrenhaus gehört, einst Sitz des Komturs der hiesigen Deutschen Ordensbrüder. Hier besichtigt man heute moderne Kunst im **Ludwig Museum**.

Kanzler Metternich (1773–1859). Die Metternichs gehörten seit alten Zeiten zum katholischen Adel von Koblenz. Klemens' Vater war ein Minister des Trierer Kurfürsten. Während in Frankreich die Revolution wütete, studierte der junge Metternich in Straßburg Jurisprudenz und zog dann nach Wien, das sicherer war und einem katholischen Rheinländer für eine diplomatische Karriere bessere Chancen bot als das protestantische preußische Berlin. Durch vorsichtige und realistische Politik arrangierte Metternich Napoleons Heirat mit der österreichischen Kaisertochter Marie-Louise. Am Wiener Kongress gelang es ihm, das besiegte Frankreich stark genug zu erhalten, damit es Preußen und Russland widerstehen konnte. Sein diplomatisches Geschick trug ihm die Titel eines österreichischen Fürsten, sizilianischen Herzogs und eines spanischen Grande ein – neben einträglichen Besitzungen in Böhmen, Mähren, Schwaben und im Rhein- und Moseltal.

Altstadt

Ihren Bummel durch die Altstadt beginnen Sie am besten an der **Balduinbrücke**, die 1343 der mächtige Erzbischof Balduin, ein Bruder Kaiser Heinrichs VII., über die Mosel errichten ließ. Das Bauwerk überstand alle Unbilden der Zeit, bis 1945 eine Bombe drei der 14 Bogen zerstörte.

Ein Pförtnerhaus in der Nähe (jetzt Stadtbibliothek) stammt aus dem 15. Jh. und bildet seitdem den Westturm der **Alten Burg** am Moselufer, während der Verbindungsbau und Ostturm (13. Jh.) wahrscheinlich auf den Resten der römischen Stadtmauer stehen.

Das **Haus Metternich** (Münzplatz 8) ist das Geburtshaus des österreichischen Staatsmannes Klemens von Metternich. Da das ungeeinte Deutschland nur wenig Erfolgsaussichten für eine diplomatische Karriere versprach, zog seine Familie nach Wien. Napoleon ließ in dem Gebäude ein Rechtskolleg für die Anwendung des *Code Napoléon* im Rheinland einrichten. Auch ein paar andere alte Häuser blieben vom Krieg verschont. Das älteste (1300) steht in der Kastorstraße 2. Die vier erkerverzierten Eckhäuser »**Vier Türme**« an der Kreuzung Am Plan und Löhrstraße stammen aus dem 17. Jh. und die Zunftgebäude der Krämer in der Kornpfortstraße und der Schuster in der Görgenstraße aus dem 18. Jh.

Von Koblenz nach Bonn

Auch nach dem legendären Oberen Mittelrheintal folgen die Sehenswürdigkeiten stromabwärts Schlag auf Schlag.

Festung Ehrenbreitstein

Gegenüber von Koblenz ragt die Festung Ehrenbreitstein (km 592) auf, die um 1000 der Rückhalt des Ritters Ehrenbert war. Seit dem 11. Jh. gehörte die mittelalterliche Burg, die durch die Jahrhunderte weiter verstärkt wurde, dem Erzbistum Trier, 1799 wurde sie von den Franzosen gesprengt. Die Preußen bauten die gewaltige Verteidigungsanlage wieder auf, doch im Versailler Vertrag (1918) wurde ihre Bestimmung auf nichtmilitärische Zwecke beschränkt. Heute finden Sie hier eine Jugendherberge, ein Restaurant und das Landesmuseum Koblenz (geöffnet in der Saison März–Oktober). Herrlich ist die Sicht auf das Mosel- und das Rheintal.

Neuwied

Der Rhein schlängelt sich auf seinem Weg nach Norden durch die Ebene des Neuwieder Beckens: Platz für Siedlungen und Industrie. Den auffälligen Kühlturm des Kernkraftwerks Mülheim-Kärlich (km 605), das kaum ein Jahr lang in Betrieb war, benutzt evt. zukünftig der Künstler Anselm Kiefer als Studio. Erfreulichere Blickfänge bietet das rechte

Rheinufer mit dem **Barockschloss Engers**, den Trierer Kurfürsten (1762, km 601) und der im Vergleich zu anderen Rheinorten jungen, 1653 vom Grafen Friedrich III. zu Wied gegründeten Stadt Neuwied, wo die fürstliche Familie immer noch in ihrem Schloss am Rhein (km 609) residiert.

Andernach
Andernach gehört zu den ältesten Orten Deutschlands. Die spätromanische **Liebfrauenkirche** (km 613) dominiert das Stadtbild. Die mittelalterliche Stadtmauer ist gut erhalten; beachten Sie den Runden Turm im Norden von Andernach. Eine Gedenktafel in der Aktienstraße 12 erinnert daran, dass hier 1920 der amerikanische Schriftsteller Charles Bukowski geboren wurde, der den Ort allerdings schon 1922 verließ.

Bad Breisig
Südlich des beliebten Thermalkurorts erhebt sich die **Burg Rheineck** (im 19. Jh. größtenteils neu gebaut, km 622). Bad Breisig kann mit drei heißen Quellen und einer Uferpromenade aufwarten. Zudem besitzt der Ort zwei schöne Gotteshäuser: in Oberbreisig eine Kirche aus dem 13. Jh., in Niederbreisig eine barocke Kirche des 18. Jh.

Stromaufwärts erhebt sich inmitten der Weinberge über dem rechtsrheinischen Kurort Bad Hönningen (km 625) das **Schloss Arenfels** aus dem 13. Jh.

Linz am Rhein
Wahrzeichen des hübschen Städtchens (km 630) sind die romanische Pfarrkirche St. Martin, ein gotisches Rathaus und viele farbige Fachwerkhäuser seit dem 17. Jh. Nördlich der Stadt liegen die **Burg Ockenfels** (14. Jh.) und die Ruine der **Burg Dattenberg** (13. Jh.).

Remagen
Bei Stromkilometer 632 schiebt sich der dunkle Basaltfels der **Erpeler Ley** dicht an den Strom, anschließend schmiegt sich der schöne Weinort Erpel an den Hügel.

Hier und auf dem gegenüberliegenden Ufer stehen dunkle Steinpfeiler als Zeugen der nicht wieder aufgebauten **Brücke von Remagen** (km 633). Sie hätte 1945 vor den anrückenden US-Truppen zerstört werden sollen, die Sprengladung explodierte jedoch nicht, die Amerikaner kamen hinüber – und die Brücke stürzte ein paar Tage später von selbst doch noch ein.

Die über 2000-jährige Stadt ist seit dem 12. Jh. Wallfahrtsort zu der Reliquie des hl. Apollinaris. Im 19. Jh. wurde nördlich oberhalb der Stadt die neugotische **Apollinaris-Kirche** neu erbaut, die alljährlich Ende Juli viele Pilger anzieht.

Königswinter

Wie der überwiegende Teil des Hügellands entlang dem Unteren Mittelrhein, so ist auch das kleine, am rechten Ufer auffällig herausragende Siebengebirge (km 642–652) vulkanischen Ursprungs; der dort abgebaute Trachyt wurde über Jahrhunderte auf dem Rhein verschifft und unter anderem zum Bau des Kölner Doms verwendet.

Während vom Südende des Gebirges die romantische mittelalterliche Burgruine auf dem steilen **Drachenfels** grüßt, bilden einladende Cafés, Restaurants und Weinkeller den Rahmen der Kleinstadt Königswinter (km 645), wo man zu Fuß am Rheinufer entlangbummeln kann.

Das beliebte Waldgebirge mit grandiosen Ausblicken auf den Rhein bietet neben vielen Wanderwegen auch das neugotische **Schloss Drachenburg** oberhalb von Königswinter oder die luxuriöse Hotelanlage auf dem Petersberg (km 646), in der sich schon viel Weltpolitik abgespielt hat.

Huber/Damm

Verdrießlich blickender Beethoven, wohl bekanntester Sohn Bonns.

Bonn

Bonn (km 655, 320 000 Einwohner) hat seine Vorrechte als deutsche Hauptstadt nur sehr ungern abgetreten, doch die 50-jährige Erfahrung hat der einst verschlafenen Universitätsstadt zu Ansehen verholfen. Ein Teil der Hochschule ist in der **Kurfürstlichen Residenz** am Hofgarten – heute ein öffentlicher Park – untergebracht. Seine reizvolle Rokoko-Atmosphäre hat sich Bonn am Markt um das Rathaus bewahrt. Einen Besuch lohnt auch die 900 Jahre alte **Münsterbasilika** mit ihrem schönen Kreuzgang aus dem 12. Jh. Den Münsterplatz ziert ein Beethovendenkmal.

Museen

Im efeubedeckten **Beethoven-Haus** in der Bonngasse 20 kam der Komponist 1770 zur Welt; man besichtigt hier heute u. a. Beethovens letzten Flügel, Porträts aus seiner Wiener und Bonner Zeit und Erstdrucke.

Das **Rheinische Landesmuseum** porträtiert rheinische Geschichte und Kultur von der Steinzeit bis heute. Einzigartig sind der Schädel des Neandertalers und die Knochen eines Cro-Magnon-Paars, das unweit von Bonn gefunden wurde.

Abwechslungsreich ist die »Museumsmeile« längs der Friedrich-Ebert-Allee: Das **Kunstmuseum** zeigt Werke von dem in Bonn geborenen August Macke und anderen deutschen Expressionisten, aber auch von Surrealisten wie Max Ernst. Dazu kommen avantgardistische Arbeiten von Baselitz und Beuys. Das **Haus der Geschichte der BRD** dokumentiert die deutsche Nachkriegszeit; die **Kunst- und Ausstellungshalle** bietet ein sehr vielseitiges Kulturprogramm; das **Forschungsmuseum Alexander Koenig (ZFMK)** birgt zoologische Anschauungsstücke.

Am Rheinufer südlich des Zentrums stehen das **Bundeshaus** (früherer Sitz des Deutschen Bundestags) und Bonns zweithöchster Wolkenkratzer, der sogenannte »**Lange Eugen**«. Seinen Spitznamen verdankt das 114 m hohe ehemalige Abgeordnetenhaus dem in den 1960er-Jahren beliebten schwäbischen Parlamentarier Eugen Gerstenmaier. Die Gebäude gehören heute zum UNO-Gelände, während im gewölbten, 163 m hohen gläsernen **Post Tower** nebenan die Konzernzentrale der Deutschen Post eingerichtet ist.

Köln

Die Metropole des Rheinlands (rund 1 Mio. Einwohner) ist eine der ältesten und berühmtesten Städte Deutschlands. Hier herrscht eine fromme, doch keineswegs engstirnige religiöse Tradition, wo man ein guter Katholik und auch den weltlichen Freuden gegenüber aufgeschlossen sein kann. Das Symbol der unverrückbaren Autorität der Kirche ist der gigantische Dom mit seinen zwei spitzen Türmen. Und doch ist die Stadt alljährlich Schauplatz des ausgelassensten Karnevals in Deutschland, bei dem die Frauen ihren Ehering wegstecken und die Männer auch nicht zu Hause bleiben, um Trübsal zu blasen.

Nach dem Zweiten Weltkrieg stieg Köln wie ein Phönix aus der Asche zur stolzen, wirtschaftsstarken Stadt von heute auf. Nirgendwo kommt heute die rheinische Mischung aus Romantik, Realismus und Humor besser zum Ausdruck als in Köln.

Dom

Den Ausgangspunkt einer Besichtigung bildet unweigerlich der Dom St. Peter und Maria (km

689). Er war eines der wenigen Gebäude, die nach den Bombenangriffen des Zweiten Weltkriegs noch aufrecht standen. Heute überragt er, von einer Fußgängerterrasse umgeben, die wieder aufgebaute Stadt wie ein etwas hochmütiger Prälat. Die Stätte war schon den Römern heilig, die hier einen Tempel des Mercurius Augustus errichteten.

Die erste Kirche ließ Bischof Maternus im 4. Jh. erbauen. Nachdem man sie mehrmals erweitert hatte, wurde sie im 13. Jh. endgültig zu klein, als Tausende von Pilgern nach Köln strömten, um die Gebeine der Heiligen Drei Könige zu verehren. 1248 wurde der Grundstein für eine riesige Kathedrale nach dem Vorbild der französischen Hochgotik gelegt. Nach 300 Jahren Bauzeit ging das Geld aus, die Bauarbeiten wurden eingestellt und die Türme blieben halbfertig.

Es verstrichen weitere 300 Jahre, bis auf das Drängen der deutschen Romantiker und Nationalisten die Arbeit wieder aufgenommen und 1880 vollendet wurde. Die spitzen Türme vervollständigten die größte Kir-

istockphoto.com/Vate

hemis.fr/Sudres

istockphoto.com/Daniek

Drei Symbole der ehrwürdigen Rheinmetropole Köln: die Hohenzollernbrücke über den Rhein; das leichte, süffige Kölsch; dritthöchste Kirche der Welt: UNESCO-Welterbe Kölner Dom.

chenfassade der Welt: 61 m breit, 157 m hoch.

Im Inneren ist der 1322 geweihte Chor das architektonische Prunkstück des Doms – ein prachtvolles Beispiel gotischer Intensität, mit schlanken, fast zierlichen Linien, die in verblüffendem Gegensatz zur Wucht des ganzen Bauwerks stehen. Besonders eindrucksvoll sind in ihrer natürlichen Eleganz die Figuren von Jesus und Maria an den Chorpfeilern, flankiert von den Aposteln. Der Bildhauer war Meister Arnold, einer der ersten Domarchitekten.

Wertvollster Schatz des Doms ist der goldene Dreikönigsschrein hinter dem Hochaltar. Die Reliquien der Heiligen Drei Könige wurden im 12. Jh. vom Kanzler Friedrich Barbarossas aus Mailand mitgebracht. Man beauftragte Nikolaus von Verdun, dieses Meisterstück der Goldschmiedekunst zu entwerfen. Es wurde 1181 begonnen und 40 Jahre später vollendet. Die Figuren aus gediegenem Gold stellen Könige und Propheten des Alten Testaments, Christi Taufe und die Anbetung der Könige dar. Aus dem 15. Jh. stammt Stefan Lochners Dombild in der Marienkapelle auf der rechten Chorseite, ein dreiteiliges Altarbild mit Kölns Schutzpatronen Ursula, Gereon und den Heiligen Drei Königen.

Links neben dem Chor in der Kreuzkapelle ist das Gerokreuz (um 970) zu sehen. Diese rührend schlichte Plastik einer Kreuzigung wurde von Erzbischof Gero gestiftet. Die Sakramentskapelle birgt die schöne, um 1280 geschnitzte Mailänder Madonna.

Römisch-Germanisches Museum

Gleich bei dem mächtigen christlichen Bau findet sich im Römisch-Germanischen Museum ein heidnischer Tribut ans bacchantische Vergnügen, das Dionysos-Mosaik. Dass es wohlbehalten bei Ausgrabungsarbeiten für einen Luftschutzbunker zutage kam, zählt zu den wenigen erfreulichen Dingen, die sich in Köln im Zweiten Weltkrieg ereigneten. Das Museum wurde rund um das Mosaik erbaut, das im 3. Jh. das Esszimmer eines reichen Getreidehändlers zierte. Dionysos ist der griechische Name für den römischen Gott Bacchus. Sie sehen ihn, wie er sich angeheitert an einen Satyrn lehnt, während um ihn herum weitere Satyrn und Nymphen tollen und musizieren.

Weitere Museen

Das **Museum Ludwig** zwischen Dom und Rhein versammelt die wesentlichen Strömungen der modernen Kunst des 20. und 21. Jh. Von der klassischen Moderne mit Werken von Picasso, Dalí, Klee, Max Ernst, Kandinsky sowie amerikanischer Pop-Art reicht das Repertoire bis zu aktueller Medienkunst. Ein weiterer Schwerpunkt sind die Fotografischen Sammlungen, darunter als Nationales Kulturgut die Sammlung Agfa.

Das **Wallraf-Richartz-Museum & Fondation Corboud** nahe dem Kölner Rathaus zeigt Kunst vom Mittelalter bis zum Beginn des 20. Jh., darunter frühe rheinische Kunst und viele Beispiele deutscher und anderer europäischer Malerei, u. a. Dürer und Cranach.

Das **Museum Schnütgen** (Cäcilienstraße) gehört zu den wichtigsten Museen mittelalterlicher Kunst Europas und wurde 2006–2010 bedeutend erweitert. Ausgestellt sind vorwiegend Objekte, die dem Schmuck alter Kirchenbauten dienten: Holz- und Steinskulpturen, Schnitzaltäre, Textilien, Metallarbeiten aus Gold, Silber und Bronze, Elfenbeinschnitzereien, Glasmalereien u.a.

Das direkt an das Museum Schnütgen anschließende, Ende Oktober 2010 eröffnete **Rautenstrauch-Joest-Museum** wartet mit einzigartigen völkerkundlichen Sammlungen auf.

Altstadt

Die winzige Altstadt am Fluss zwischen Groß St. Martin und Deutzer Brücke vermittelt noch einen Eindruck davon, wie Köln einmal ausgesehen hat. Hier, um den alten Fischmarkt herum, in der Salzgasse und jenseits vom Eisenmarkt, stehen ein paar Häuser des 13. und 14. Jh., die kleine Wunder des Überlebens und der Rekonstruktion sind. In dem lebhaften Betrieb von Restaurants, Antiquitätenläden und Kunstgalerien kann man sich vorstellen, wie es hier früher zuging.

Hohe Straße

Das geschäftige moderne Köln konzentriert sich besonders im Einkaufsviertel um die Fußgängerzone Hohe Straße südwestlich des Doms. Die Stadt mit ihrer Neigung zur französischen Lebensart hat viele Cafés unter freiem Himmel, so zum Beispiel **Am Hof**, wo man bei Kaffee und Kuchen die köstlich kitschigen Zwerge des **Heinzelmännchenbrunnens** (1899) betrachten kann.

Kirchen

An der Schildergasse lohnt die **Antoniterkirche**, die Hauptkirche der protestantischen Gemeinde, einen Besuch: Hier schwebt Ernst Barlachs Bronzefigur *Todesengel* von 1927, der er die Züge der Malerin Käthe Kollwitz gab (das ihr gewidmete Museum befindet sich am Neumarkt 18–24). Eine der schönsten romanischen Kirchen des Rheinlands ist **St. Aposteln** (11.–13. Jh.) westlich des Neumarkts, deren Apsis mit hübschen Blendarkaden und Zwerg-

galerien geschmückt ist. Äußerst ergreifend ist die **Kapelle Madonna in den Trümmern** (Brückenstraße), die Gottfried Böhm in den 1950er-Jahren entwarf, indem er gotische Formen mit moderner Schlichtheit verband: Nach dem Zweiten Weltkrieg waren von der Kirche St. Kolumba nur noch der Turmstumpf und ein Teil der Außenmauer übrig; wie durch ein Wunder blieb eine Marienstatue unversehrt, die der heutigen Kapelle den Namen gab.

Judenviertel und Gürzenich

Das **Alte Rathaus** an der Westseite des Alten Marktes bildet mit seiner eleganten Renaissance-Laube einen erheblichen Kontrast zum kalten neuen Rathaus, das den früheren Spanischen Bau ersetzte. Vom Rathaus führt die Judengasse, im Mittelalter die Hauptstraße des Judenviertels, zum **Gürzenich**. Der bedeutendste gotische Profanbau der Stadt (Mitte 15. Jh.) diente einst für Tanzveranstaltungen und Empfänge und brannte im Krieg ab; seit seiner Wiederherstellung ist er wieder die erste Adresse für Karnevalsbälle, Bankette und Konzerte.

Rheinau-Halbinsel

Am Rheinufer südlich der Altstadt erläutert das **Imhoff-Schokoladenmuseum** die Geschichte der Schokolade von der Kakaobohne zur Praline.

Hier ist die Nordspitze der Rheinau-Halbinsel, wo erhaltenswerte Hafengebäude, wie etwa Zollhaus und Lagerschuppen, interessante neue Nutzungen erhielten und supermoderne Bauwerke, wie die drei verglasten »**Kranhäuser**« des Architekten Hadi Teherani, exklusives Wohnen und Arbeiten mit Rheinblick ermöglichen.

Düsseldorf

Mit international angesehenen Modeschöpfern, Theatern und Kunstsammlungen verleiht Düsseldorf (km 744) dem Rheinland eine gewisse Eleganz und Vornehmheit. Zudem ist Nordrhein-Westfalens Hauptstadt (590 000 Einwohner) das Finanzzentrum des Ruhrgebiets. Die zukunftsorientierte Stadtentwicklung kommt in dem vom kalifornischen Architekten Frank O. Gehry gestalteten **Neuen Zollhof** zum Ausdruck, der als neues Düsseldorfer Wahrzeichen gilt: Das Ensemble aus drei scheinbar beweglichen, kontrastreichen Bauten des Kunst- und Medienzentrums Rheinhafen gleicht einer riesigen Skulptur.

Königsallee

Dieser breite Boulevard, ein städtebauliches Prachtstück mit einem Wassergraben in der Mitte, verläuft schnurgerade südöstlich der Altstadt. Schwäne gleiten im Schatten der Kastanienbäume so anmutig vorbei wie die modischen jungen Damen. Die schattigere Westseite der »Kö« nehmen Banken und Büros ein, während die Ostseite dem Flanieren in der Nachmittagssonne vorbehalten ist. Nehmen Sie auf der »Schokoladenseite« zu Kaffee und Kuchen auf einer Caféterrasse Platz, bevor Sie in einer der verführerischen Boutiquen einkaufen.

Heinrich-Heine-Denkmal

Nach Jahren der Geringschätzung hat die Stadt ihren berühmtesten Sohn auf dem Schwanenmarkt westlich der Kö mit einem Denkmal geehrt. Mit dem grotesken Vexiergesicht der modernen Plastik von Bernd Gerresheim zollt Düsseldorf seinem großen lyrischen Dichter Anerkennung. Man sagt, es stelle Heines schonungslose Kritik der deutschen Gesellschaft im 19. Jh. dar. Er wuchs während der Besetzung Düsseldorfs durch Napoleons Truppen auf und begeisterte sich für die französische Kultur. 1831 entfloh Heine der stickigen geistigen Luft des preußischen Regimes und wanderte nach Paris aus.

Marktplatz

Zwischen Kö und Rheinufer erstreckt sich die Altstadt; hier steht auf dem Marktplatz das stolze Reiterstandbild des Kurfürsten Johann Wilhelm II., der 1679–1716 regierte und ein weiterer glühender Franzosenfreund war.

www.düsseldorf.de

Landeshauptstadt Düsseldorf/Heinrichs

fotolia.com/Shelesnjak

Er soll so beliebt gewesen sein, dass die Leute ihre Silberlöffel zum Einschmelzen spendeten, damit man das Denkmal vollenden konnte. Heine erinnerte sich, dass er als Junge stundenlang vor der Statue stand und sich fragte, wie viele Silberlöffel wohl darin seien und wie viele Apfelkuchen es dafür gäbe.

Auf der hinteren Seite des Rathauses lockt am Burgplatz das **SchifffahrtMuseum** im alten Schlossturm, dem einzigen Überrest des 1872 abgebrannten Schlosses.

Pfarrkirche St. Lambertus

Die Basilika aus Hau- und Backstein (14. Jh.) am Rheinufer ist ein typisches Beispiel rheinischer Gotik. Das Dach des 72 m hohen Westturms wurde 1817 nach einem Brand erneuert. Im Kircheninnern ist das hübsch geschnitzte Sakramentshaus aus dem 15. Jh. ein spätgotisches Meisterwerk. Der barocke Hochaltar und die Kanzel stammen aus dem 17. Jh., das manieristische Wandgrabmal Herzog Wilhelms V. aus schwarzem Marmor und Alabaster im Chorumgang hinter dem Altar vom Kölner Bildhauer Gerhard Scheben von 1595-99.

Düsseldorf, Landeshauptstadt Nordrhein-Westfalens: Der Neue Zollhof von Frank Gehry; Giebelhäuser in der Altstadt; hübsche Details auf der Kö.

Hofgarten

Unmittelbar nördlich der Kö liegt der wunderschön gestaltete Hofgarten. Unter den vielen Skulpturen im Park findet sich ein liebenswürdigeres Heine-Denkmal: Aristide Maillols *Harmonie*.

Im barocken Schloss Jägerhof in der Nordostecke des Parks birgt ein **Goethe-Museum** Manuskripte und Briefe des Dichters, den Heine wegen seiner Kriecherei vor der Obrigkeit verspottete.

Museen

Die hervorragende **Kunstsammlung Nordrhein-Westfalen** gliedert sich in K20 und K21 (Kunst des 20. resp. 21. Jh.). Die Abteilung **K20** am Grabbeplatz besteht u. a. aus fast 100 Werken Paul Klees sowie Gemälden von Kokoschka, Marc, Macke, Picasso, Braque, Rauschenberg, Pollock, Kline und Beuys. Das **K21** zeigt dagegen dem Trend entsprechend eher Foto- und Video-Installationen. Beiderorts finden vielfältige kulturelle Aktivitäten statt.

Unter dem Namen **Museum Kunstpalast** findet sich neben Wechselausstellungen in einem Neubau von O. M. Ungers das Kunstmuseum von 1902 am Ehrenhof 4. Es ist bekannt für Kunst vom Mittelalter bis zur Moderne, modernes Design und prächtige Jugendstil-Glaswaren in einer Sammlung, die die Geschichte des Zierglases von der Antike bis heute zeigt (derzeit nur teilweise zur Besichtigung offen).

Das **Hetjens-Museum** im Palais Nesselrode, Schulstraße 4, zeichnet mit Exponaten aus Privatbesitz 8000 Jahre weltweiter Keramikgeschichte nach.

Von Düsseldorf bis zur Grenze

Von Düsseldorf sind es nur noch gut 100 km bis zur niederländischen Grenze.

Krefeld

Der Strom mäandriert in weiten Schleifen durch das stark industrialisierte Rheinland, manchmal mit kilometerlangen Uferabschnitten voller Fabriken, Hafenanlagen und Lagerplätzen, doch erstaunt auch das viele Grün von Wiesen, bebuschten Auen und Pappelreihen: Da halten Naturfreunde nach Wasservögeln Ausschau, Angler bevölkern die Uferstreifen, Radler, Jogger oder Golfspieler genießen die Natur gleich hinter dem Deich.

Entschieden modern zeigt sich das bei km 765 etwas abseits des linken Rheinufers gelegene Krefeld, Mittelpunkt der Samt- und Seidenindustrie. Seine Tradition begann mit der Leinenweberei im Mittelalter, bevor ihm Friedrich der Große im 18. Jh. das Seidenmonopol gewährte. Im **Deutschen Textilmuseum** wird diese Geschichte mit prächtigen Stoffen und Kostümen illustriert.

Zwei schöne Beispiele für die Wohnarchitektur des frühen 20. Jh., **Haus Lange** und **Haus Esters** (1928–30) von Mies van der Rohe, zeigen heute Wechselausstellungen zeitgenössischer Kunst.

Duisburg

An der Mündung der Ruhr in den Rhein (km 780) liegt Duisburg mit dem größten Binnenhafen der Welt. Seit ihrer wirtschaftlichen Neuorientierung von Kohle und Stahl auf Elektronik und Dienstleistungsgewerbe ist die Stadt freundlicher und grüner. Ein Platz auf der Weltkarte war ihr schon im 16. Jh. sicher, als Gerhard Mercator hier wirkte; der Begründer der modernen Kartografie ist in der **Salvatorkirche** beigesetzt und wird mit einem Standbild vor dem Rathaus und als Namensgeber der Universität (1972) geehrt.

Die Arbeiten eines weiteren berühmten Duisburgers, des expressionistischen Bildhauers Wilhelm Lehmbruck (1881–1919), sind neben Plastiken von Archipenko, Brancusi, Giacometti und Moore im **Lehmbruck Museum** ausgestellt. Eine Reihe von Brunnen schmückt die Einkaufsstraßen, darunter der **Lifesaver** von Niki de Saint Phalle und Jean Tinguely.

Wesel

Wo bei km 814 die Lippe in den Rhein mündet, konnte sich der Umschlagsort Wesel schon zur Karolingerzeit entwickeln, er wurde 1407 Hansestadt und erhielt im 16. Jh. Zuzug von glaubensverfolgten niederländischen Tuchmachern, die den Reichtum der Stadt noch vermehrten.

Doch als die Stadt im 17. Jh. an Preußen fiel und seitdem Garnisonsstadt blieb, war sie auch militärisch gefährdet – im Zweiten Weltkrieg wurde sie schwer zerstört. Der monumentale evangelische **Willibrordi-Dom** erhielt durch den Wiederaufbau seine Form als spätgotische fünfschiffige Sandsteinbasilika zurück.

Xanten

Ein archäologischer Glücksfall ist die einst mächtigste römische Garnisonsstadt am Niederrhein, die zwischen 15 v. Chr. und dem 4. Jh. n. Chr. die Grenzen des Reichs vor germanischen Horden zu sichern hatte. Die Römerstadt wurde nicht überbaut; das Amphitheater aus dem 3. Jh. im **Archäologischen Park** wird heute wieder für Veranstaltungen genutzt.

Weithin sichtbar sind die Doppeltürme des romanisch-gotischen **Doms** (km 824), dessen Bau 1263 begonnen wurde. Er ist Viktor geweiht, einem Soldaten der Thebäischen Legion, der im 4. Jh. wegen seines christlichen Glaubens den Märtyrertod erlitt. Eine erste Kapelle wurde bereits damals erstellt. Im Nibelungenlied ist Xanten die Heimat Siegfrieds.

Rees

Rees am rechten Ufer (km 837) ist von einer Stadtmauer umgeben, wurde um ein mittelalterliches Kloster angelegt und musste nach dem Krieg wiederaufgebaut werden.

Während man die bedeutende gotische St. Nikolaikirche von Kalkar vom Fluss aus nicht sehen kann, überrascht am linken Ufer der bemalte Kühlturm des stillgelegten **Kalkarer Atomkraftwerks**, (km 842), heute ein Erlebnispark.

Emmerich

Für stromabwärts Reisende ist Emmerich (km 852) die letzte deutsche Stadt am Rhein und zusammen mit dem holländischen Lobith die wichtigste Zollstation am Fluss. Ihre Backsteinhäuser mit weißen Fensterrahmen wurden nach dem Krieg wieder instand gesetzt, ebenso die Kirchen **St. Aldegundis** (15. Jh.) und **St. Martin**, von deren Originalbau aus dem 11. Jh. nur die Krypta erhalten ist.

Der Rhein in den Niederlanden

Kurz hinter der deutsch-niederländischen Grenze teilt sich der Strom in den südlichen Hauptarm **Waal**, der bis zur Mündung noch mehrmals den Namen wechselt, und den nördlichen Arm, der erst **Pannerdens Kanaal**, ab Arnhem **Nederrijn** und westlich vom **Amsterdam-Rijnkanaal**, der das Flusssys-

tem mit Amsterdam verbindet, **Lek** heißt. Beide Arme sind auf dem Weg nach Rotterdam mehrfach miteinander verbunden, wo sie vereint zum **Nieuwe Waterweg** in die Nordsee münden.

Nijmegen

Das nur gut 100 km östlich von Rotterdam gelegene Nimwegen ist die einzige »Hügelstadt« der Niederlande; ihr Hafen an der Waal, dem Hauptmündungsarm des Rheins, dient zugleich der Schifffahrt auf dem 13 km langen Maas-Waal-Kanal. Seit die Römer die Siedlung der germanischen Bataver eroberten, die sie Noviomagus nannten, war der Ort wichtig für den Handel auf der Wasserstraße. Im Valkhof, einem Park an der Stelle der von Karl dem Großen angelegten Kaiserpfalz, steht die karolingische **Sint Nicolaaskapel**, die 799 geweiht und im 11. Jh. verändert wurde. Am **Groten Markt** steht neben schönen Häusern (17. Jh.) der rote Renaissance-Backsteinbau der Stadtwaage. Vom Turm der gotischen **Sint Stevenskerk** (Stefanskirche) aus dem 13. Jh. bietet sich ein herrlicher Blick über die Stadt.

Arnhem

Vier Tage verteidigten Oberstleutnant John Frost und 600 britische Fallschirmjäger im September 1944 die Brücke über den Niederrhein gegen eine erdrückende deutsche Übermacht. Ein Blick von der nach ihm benannten **John-Frost-Brücke** erklärt besser als Worte das heutige Stadtbild von Arnhem.

Das berühmteste »Opfer« war die 1452 erbaute **Sankt-Eusebius-Kirche** (auch Grote Kerk), deren Turm vollständig zerstört wurde. Der nach dem Krieg erbaute neue Glockenturm versucht gar nicht erst, sich in den neugotisch wiedererrichteten Bau einzufügen. Ein verglaster Aufzug führt am Glockenspiel vorbei zu der Plattform auf 73 m Höhe, die Rundsicht auf die Stadt, den Rhein und die Umgebung bietet. Der Innenraum der Kirche ist im nüchternen Stil der holländischen Reformation gehalten. Einen Kontrast dazu bildet im Chor der prächtige Renaissance-Marmorsarkophag des letzten Herzogs von Geldern, Karl von Egmond.

Hinter der Kirche steht als Zeuge der Renaissance das reich verzierte **Stadhuis** aus dem 16. Jh. Den Spitznamen Duivelshuis (Teufelshaus) trugen ihm die makabren Skulpturen an der Fassade ein.

Außerhalb Arnhems lohnt das **Kröller-Müller-Museum** im Nationalpark De Hoge Veluwe mit hervorragenden Werken von Picasso, Seurat und Mondrian sowie 278 Gemälden von van Gogh einen Besuch. Unbedingt sehenswert ist auch der Museumspark mit Skulpturen von Barbara Hepworth, Rodin, Moore und Giacometti sowie monumentalen Meisterwerken des Surrealismus wie Dubuffets *Jardin d'Email*.

Rotterdam

Rotterdam, drittgrößter Hafen der Welt und mit über 600 000 Einwohnern zweitgrößte Stadt der Niederlande, liegt zu beiden Seiten der Nieuwe Maas, eines Rhein-Mündungsarms. Die Stadt im Mittelpunkt des Rheindeltas ist Umschlagplatz für Industriegüter aus dem Ruhrgebiet und Rohstoffe aus aller Welt, die im Europoort an der 30 km entfernten Nordsee gelöscht werden. Ständig fahren Frachter, Öltanker und Kreuzfahrtschiffe ein und aus; auf dem Netz von Wasserwegen und Hafenbecken herrscht ein Verkehr wie auf einer Autobahn zur Stoßzeit.

Es gibt nur wenige europäische Städte, die so betont modern wirken wie Rotterdam. Kaum ein Bauwerk geht auf die Zeit vor dem Zweiten Weltkrieg zurück, und der Spitzname »Manhattan an der Maas« hat angesichts der vielen Wolkenkratzer und Büroblocks aus Glas und Beton durchaus seine Berechtigung.

Stadtmitte

Zwischen Hauptbahnhof und Museumpark zeigt das Stadtzentrum den Kontrast zwischen den Gebäuden der Nachkriegszeit und den wenigen historischen Baudenkmälern, die den Krieg überlebt haben. Kunstwerke des 20. Jh. verstärken noch den Akzent des Modernen. Am **Kruisplein** südlich des Hauptbahnhofs ist vor dem Bouwcentrum Picassos monumentales Tafelbild *Sylvette* zu sehen. Die Seitenfassade des Bauzentrums lockert Henry Moores *Relief* auf, eine seiner wenigen Backsteinskulpturen.

Gleich östlich davon befinden sich das Kongress- und Konzertgebäude De Doelen und jenseits des **Schouwburgplein** das neue Theater (Schouwburg). In einer Ecke des Theaterplatzes steht die Statue eines kopflosen *Gehenden Mannes* von Rodin.

Blumenbeete schmücken die Geschäftsstraße Lijnbaan, eine Fußgängerzone mit Boutiquen und Terrassencafés. Parallel dazu verläuft die Hauptverkehrsader, der **Coolsingel**, wo weitere moderne Skulpturen und Rasenflächen zum Bummeln einladen.

Das 1914–20 errichtete **Stadhuis** (Rathaus) ist eines der wenigen alten Gebäude, die von den Bomben verschont blieben. Gegenüber steht das Denkmal für die Kriegsgefallenen (1957) von Mari Andriessen. Weiter südlich sehen Sie die **Börse** (Beurs) mit dem Glockenturm, der jetzt von einem gläsernen Hochhaus überragt wird.

Die spätgotische **Sint Laurenskerk** (oder Grote Kerk) aus dem 15. Jh. erhielt bei der Restaurierung ein Bronzeportal des italienischen Bildhauers Giacomo Manzù (1968). Beachten Sie den eleganten Orgelprospekt aus dem 16. Jh. im Querschiff und die Grabdenkmäler niederländischer Seehelden aus dem 17. Jh.

Auf dem Platz vor der Kirche steht die **Erasmus-Statue** (1622). Der große Humanist und Theologe und bekannteste Sohn der Stadt wurde und wird seit damals auf vielfältige Weise geehrt, unter anderem auch durch die Gründung der Erasmus-Universität.

Museen

Gönnen Sie sich zuerst einen grandiosen Überblick vom **Euromast**, der von seiner 185 m hohen Turmspitze den besten Blick auf Rotterdam bietet.

Von hier gelangen Sie zu Fuß zum **Museumpark**, den gleich fünf interessante Museen umringen. Den wohlhabenden Kunstförderern Rotterdams und einer vorausschauenden Auslagerung während des Kriegs ist es zu verdanken, dass man hier heute einige der hervorragendsten Gemälde des Landes und außerdem die fesselnde Geschichte der Stadt und der Seefahrt bewundern kann. Das **Museum Boijmans Van Beuningen** in seinem eigenen Park vereinigt unter einem Dach mehrere hochkarätige Privatsammlungen alter Meister und zeitgenössischer Kunst.

Versteckt zwischen Neubauten gibt das **Historisch Museum Schielandshuis** im einstigen Gebäude des Deichamtes an der Korte Hoogstraat mit seinen möblierten Räumen und Kunstgegenständen einen faszinierenden Einblick in das Leben der Stadt im 18. Jh. und in die Geschichte der Niederländisch-Ostindischen Kompanie. Ergreifend sind die Relikte der im Krieg zerstörten Kirchen.

Am Leuvehaven, etwas weiter südlich, widmet sich das **Maritiem Museum** mit Schiffen, Gemälden, Modellen und Navigationsinstrumenten der glanzvollen Seefahrtsgeschichte Hollands.

In einem Speicher aus dem 19. Jh. im westlichen Stadtteil Delfshaven ist das **Museum De Dubbelde Palmboom**, eine weitere Niederlassung des Historischen Museums, untergebracht. Es veranschaulicht die lange Geschichte von Stadt und Hafen.

Weitere Sehenswürdigkeiten

Variantenreich sind Stadtrundfahrten in Rotterdam: geführte Fahrradtouren, Hafenrundfahrten oder sogar Busrundfahrten per Amphibienfahrzeug, das zu Land und zu Wasser fährt.

Am Rand des für sein Nachtleben berühmten Viertels Oude Haven stehen die originellen

Kubuswohnungen (Kijk-Kubus, 1984) von Piet Blom, die teilweise besichtigt werden können.

Zu den besten seiner Art gehört der Rotterdamer **Blijdorp-Zoo**. Das dazugehörige Oceanium mit Unterwassergängen zieht stets Scharen von Besuchern an.

Hafengebiet

Rotterdam ist einer der größten Häfen der Welt; es lohnt sich, an einer mehrstündigen Hafenrundfahrt teilzunehmen, um sich seiner Ausmaße bewusst zu werden. Von den alten und neuen Becken und den Anlagen für Tanker und Containerverkehr im Europoort und in Maasvlakte über den Fährhafen Hoek van Holland bis zum Kinderdijk nimmt das gesamte Hafengebiet mehr als 100 km² ein; mit dem Landgewinnungsprojekt Maasvlakte 2 wird es sich noch um 20 km² erweitern.

Die ersten Hafenanlagen im Stadtzentrum aus dem 14. Jh. wurden laufend vergrößert. Der 1872 eröffnete Nieuwe Waterweg ermöglichte eine moderne Verbindung zur Nordsee; das Hafengebiet verlagerte sich ebenfalls Richtung Meer.

istockphoto.com/van Elzelingen

istockphoto.com/de Graaf

hemis.fr/Maisant

Modernes Rotterdam: Piet Bloms Kubuswohnungen; Container-Verladebrücken im größten Hafen Europas; der *Screwarch* von Claes Oldenburg beim Boijmans-Van-Beuningen-Museum.

Heute generiert der Hafen Rotterdam rund 7 % des Bruttoinlandsprodukts der Niederlande und ist bei Weitem der wichtigste Erdölumschlagplatz von Europa. Er gehört zu den tiefsten Häfen der Welt; Schiffe von bis zu 24 m Tiefgang können ihn anlaufen.

Amsterdam-Rhein-Kanal
Rund zwei Jahrzehnte bauten die Niederländer an dem 72 km langen Kanal, der seit 1952 den Amsterdamer Hafen mit dem Rheindelta verbindet und für ozeantüchtige Schiffe von bis zu 4300 t Verdrängung schiffbar ist. Er führt westlich der seit der Römerzeit bedeutenden Stadt Utrecht vorbei und orientiert sich größtenteils am Lauf des malerischen Flüsschens Vecht.

Amsterdam
Auf den ersten Blick entspricht Amsterdam mit seinen Grachten, Brücken und gemütlichen Cafés genau unserer Vorstellung von einer alten europäischen Kaufmannsstadt. Es wimmelt von klingelnden Straßenbahnen und Fahrrädern, und vor den Toren der Stadt sieht man Tulpenfelder und Windmühlen.

Dank ihrer Aufgeschlossenheit und Toleranz ist die Stadt aber auch eine Mischung verschiedenster Kulturen; im 17. Jh. flohen spanische Juden und französische Hugenotten hierher, und zu den heutigen Einwohnern gehören Flüchtlinge aus Afrika und Asien, aus ehemaligen holländischen Kolonien wie Suriname und Indonesien und dazu all jene, die sich seit den 1960er-Jahren von Amsterdams offener sozialer Gesinnung angezogen fühlten. Sehen Sie genau hin – in den Wassern der berühmten Grachten spiegelt sich das Bild einer lebendigen, vielgesichtigen Stadt.

Grachten

Eine einstündige Grachtenrundfahrt ist als Auftakt sehr zu empfehlen. Der **Singel**, die innerste Gracht, war einst der befestigte Stadtgraben. Halten Sie Ausschau nach dem Haus Nr. 7, dem schmalsten Amsterdams, nicht breiter als seine Eingangstüre und eingeklemmt zwischen zwei Gebäuden aus dem 17. Jh. Drei Brücken weiter, an der Kreuzung mit der Oude Leliestraat, sehen Sie die vergitterten Öffnungen eines alten Kerkers, der knapp über dem Wasserspiegel in die Brücke eingebaut ist und nur mit einem Boot erreichbar war.

Ab dem frühen 17. Jh. breitete sich die Stadt vom Singel her weiter Richtung **Herengracht** aus, zu Amsterdams Glanzzeiten die nobelste Adresse. Hier übertrumpften sich die Kaufleute gegenseitig im Bau der großzügigsten Wohnhäuser, der kunstvollsten Giebel und der eindrucksvollsten Treppenaufgänge. Die Patrizierhäuser haben an Glanz nichts eingebüßt, beherbergen heute jedoch fast ausschließlich Büros.

Die **Keizersgracht** ist nach Kaiser Maximilian I. benannt, der durch seine Heirat mit Maria von Burgund in den Besitz der Niederlande gelangte. Die Häuser hier sind zwar nicht so großartig wie an der Herengracht, haben aber doch ihren Reiz.

Die **Prinsengracht** wirkt etwas bescheidener mit ihren kleineren Gebäuden und zahlreichen im Originalzustand erhaltenen Lagerhäusern, die heute teils zu Luxuswohnungen umgebaut wurden. Die typischen Aufzugsbalken unter dem Dachfirst werden noch immer benutzt, wenn nicht zum Transport von Waren, dann zum Hochhieven des neuen Sofas…

Leidseplein

Wo einst das südwestliche Stadttor aus dem Mittelalter stand und die Straße nach Leiden begann, kann man heute das vielfältige Leben Amsterdams am besten kennenlernen. Im Schein der Neonreklamen locken hier unzählige Bars, Nachtklubs, Kinos, Imbissstände und eine riesige Auswahl an Restaurants mit Spezialitäten aus aller Welt.

Die Nordwestseite des Platzes beherrscht das **Stadsschouwburg** (Stadttheater) mit seinem Säulen-

Das Café des American Hotel am Leidseplein ist ein Höhepunkt des Art déco in der Stadt.

hemis.fr/Frilet

portal. In diesem 1894 entstandenen Bau genießen die Zuschauer Opern-, Tanz- und Theatervorführungen.

In der Nachbarschaft befindet sich das **American Hotel**, das Traditionshaus Amsterdams im Stil des Art nouveau. Der prestigereiche Palast aus dem Jahr 1902 besitzt ein denkmalgeschütztes Jugendstil-Café (Art déco), das einst Treffpunkt von Literaten war. Die legendäre Tänzerin Mata Hari, die im Ersten Weltkrieg der Spionage verdächtigt wurde, gab 1894 im Vorläuferbau des American Hotel ihren Hochzeitsempfang.

Vondelpark

Der Vondelpark, die »grüne Lunge« der Stadt, wurde nach Hollands größtem Dichter Joost van den Vondel benannt, der im 17. Jh. lebte. Auf 49 ha legte man Rasenflächen, Seen und Blumenbeete an. Bei gutem Wetter treffen sich hier am Wochenende die Inline-Skater.

Museumplein

Am Museumplein, der im Frühling voller Krokusse und Osterglocken steht, findet man drei große Kunstmuseen und das Concertgebouw, Amsterdams wichtigsten Konzertsaal.

Das 1885 eröffnete **Rijksmuseum** birgt eine der weltweit größten Kunstsammlungen. Egal, ob Sie sich für Porzellan, asiatische oder arabische Kunst, die holländische Geschichte oder Puppenhäuser des 17. Jh. interessieren, das Rijksmuseum wartet mit großartigen Exponaten auf. Zurzeit wird das Museum (bis voraussichtlich 2013) restauriert, doch 400 Meisterwerke, darunter Rembrandts *Nachtwache* und Vermeers *Briefleserin*, sind im separaten Philipsflügel trotzdem zu sehen.

Das moderne **Van Gogh Museum** zeigt in zwei Ausstellungsgebäuden über 200 Gemälde und 500 Zeichnungen des faszinierenden Malers, der lange Zeit in Frankreich gelebt hatte.

Das **Stedelijk Museum** zeigt bis zur Wiedereröffnung 2012 Sonderausstellungen, während die Renovierungsarbeiten weitergehen. Spektakulär sind u. a. der moderne überdachte Eingangsbereich des Neubaus (genannt »Badewanne«) sowie die riesige unterirdische Ausstellungshalle. Die reichhaltige Kollektion internationaler zeitgenössischer Kunst umfasst Werke von Picasso und Matisse bis Warhol und Kooning.

Blumenmarkt

Wo die Leidsestraat den alten Stadtkern am Singel erreicht, erstreckt sich am Kanalufer Amsterdams schwimmender Blumenmarkt (*drijvende bloemenmarkt*). Seit über 200 Jahren kaufen die Amsterdamer hier ihre Tulpenzwiebeln und ihre Setzlinge.

Huber/Dutton

Vincent van Gogh (1853–90). Als 16-Jähriger arbeitete Vincent van Gogh für einen Kunsthändler. 1883 gab er sein Theologie-Studium auf und widmete sich ganz der Malerei. Seine ersten Werke zeigen Bauern und Arbeiter seiner Heimat Flandern. 1886 lebte Vincent in Paris bei seinem Bruder Theo, der Kunsthändler war. Dort lernte er die Impressionisten kennen, die sein Werk spürbar beeinflussten: Die Farben wurden heller, die Pinselstriche gewagter. 1888 zog van Gogh in die Provence um, deren Landschaft ihn zu einigen seiner größten Gemälde inspirierte. Erste Anzeichen von Geisteskrankheit tauchten auf; nach einem Streit mit seinem Freund, dem Maler Gauguin, schnitt sich van Gogh ein Ohr ab, worauf er sich in einer Anstalt in Saint-Rémy behandeln ließ. Im Mai 1890 kehrte er nach Paris zurück und nahm sich wenige Monate später das Leben.

Begijnhof

Nördlich vom Blumenmarkt verbirgt sich hinter dem Bogen eines Eichenportals am Spui der Beginenhof, eine Oase in der Hektik der Stadt. Wie auf einem Dorfplatz umstehen schmucke schmale Häuser aus dem 17. und 18. Jh. das gepflegte Rasenviereck mit hohen Bäumen, zwei kleinen Kirchen und einem Holzhaus aus dem Jahr 1528. Der Hof war 1346 ursprünglich für Laienschwestern gestiftet worden, die sich wohltätigen Werken widmeten. Heute werden die Häuser an ältere Damen vermietet.

Amsterdam Museum

Nur wenige Schritte nördlich vom Beginenhof steht das riesige historische Museum, das der bemerkenswerten Geschichte der Stadt zwischen 1275 und 1945 gewidmet ist. Zu sehen sind unter anderem interessante audiovisuelle Programme über die Landgewinnung.

Dam

Diesen Platz beherrscht der **Koninklijk Paleis** (Königlicher Palast). Er wurde in Amsterdams Blütezeit Mitte des 17. Jh. als Rathaus erbaut und von Napoleons Bruder Louis Bonaparte während seiner kurzen Herrschaft als König von Holland (1806–10) in einen Palast umgewandelt. Man kann ihn besichtigen, wenn die königliche

Familie das eindrucksvolle Bauwerk nicht gerade für repräsentative Anlässe nutzt.

Kirchen

Die in einer Ecke des Dam leicht zurückversetzte **Nieuwe Kerk** (Neue Kirche) ist eine schlichte spätgotische Basilika aus dem frühen 15. Jh. und dient als Krönungskirche. Stadtbrände zerstörten 1421 und 1452 ihre Inneneinrichtung; Meisterstücke wie die barocke Kanzel und Jacob van Campens Orgelprospekt stammen aus der Zeit kurz danach. Um der Rolle des Landes im Zweiten Weltkrieg zu gedenken, errichtete man 1956 die weiße Steinsäule auf der anderen Seite des Platzes als **Nationaal Monument**.

Die 1631 fertiggestellte **Westerkerk** (Westkirche) ist ein sehr auffälliges Bauwerk. Ihr 85 m hoher Turm, der eine farbige Kaiserkrone auf seiner Spitze trägt, ist der höchste der Stadt. Der Rundblick von oben ist einmalig. Hier befindet sich die letzte Ruhestätte Rembrandts.

Anne Frankhuis

Das bekannte Anne-Frank-Haus liegt gleich um die Ecke in der Prinsengracht 263. Hier versteckte sich das jüdische Mädchen mit seiner Familie zwei Jahre lang (1942–44) vor den deutschen Besatzern und verfasste sein berühmtes Tagebuch. Durch ein drehbares Büchergestell am Ende eines Ganges gelangt man in das Hinterhaus, das den Bewohnern als Zufluchtsstätte diente, bis sie im August 1944, neun Monate vor Kriegsende, verraten und verhaftet wurden.

Jordaan

Das Jordaanviertel ist heute bei Künstlern und Designern sehr beliebt. Hier haben sich originelle Läden, Boutiquen und Restaurants niedergelassen. Die alten »braunen Cafés« verleihen der Gegend eine stimmungsvolle Atmosphäre.

Hauptbahnhof

Amsterdams Centraal Station ist ein imposantes Beispiel niederländischer Neorenaissance. und eine technische Meisterleistung. Erbaut wurde der Hauptbahnhof 1881–1889 von Petrus Cuypers, der auch das Rijksmuseum schuf. Der Gebäudekomplex steht auf drei künstlichen Inseln und 8687 Holzpfählen. Die jetzigen Baustellen rund um den Bahnhof haben mit dem Bau der U-Bahn Noord-Zuidlijn zu tun, die etwa 2015 eröffnet werden soll.

Gleich gegenüber vom Hauptbahnhof steht am Ufer das NZH (Noord-Zuid Hollands) Koffiehuis, das neben dem Fremdenverkehrsbüro auch ein Restaurant beherbergt.

Nur ein paar Schritte den Damrak hinunter kommen Sie zur Beurs van Berlage, der ehemaligen Börse. Der 1897–1903 errichtete strenge Backsteinbau gilt als ein Meisterwerk Hendrik Petrus Berlages. Heute dient der Bau als Konzertsaal und Kulturzentrum.

Oude Kerk

Die Alte Kirche östlich des Beursplein ist Amsterdams größte und älteste Kirche, wurde um 1300 geweiht und dient heute nur profanen Veranstaltungen. Hier liegt Rembrandts Frau Saskia begraben. Weil die Calvinisten im 16. Jh. einen wahren Schatz an Dekoration und Statuen als »katholischen Pomp« beseitigten, wirkt das Innere eher schlicht, doch sind u. a. gotische Zierpfeiler, die bemalte Holzdecke sowie drei prachtvolle Buntglasfenster aus dem 16. Jh. zu bewundern.

Am Alten Hafen

An das Rotlichtviertel nahe der Oude Kerk schließt sich um die Straße Zeedijk ein kleines Chinesenviertel an.

Östlich davon, am alten Hafen, erhebt sich als Teil der Stadtmauer der **Schreierstoren** (Schreierturm). Henry Hudson stach von hier aus in See und entdeckte 1609 Manhattan. Eine der vielen Gedenktafeln an der Turmmauer erinnert an dieses Ereignis.

Nemo

Weiter östlich, an der Prins Hendrikkade, wurde 2007 aus dem prächtigen **Scheepvaarthuis** von 1916 das Luxushotel Amrath. Es überblickt das alte Hafengebiet Oosterdok, das durch den Eingang zum IJ-Tunnel zweigeteilt wurde; an der Spitze der künstlichen Halbinsel erwartet Sie das Nemo des gefeierten Architekten Renzo Piano. Dieses anregende Wissenschafts- und Technologiemuseum besitzt zahlreiche interaktive Einrichtungen und bietet Zugang zu modernsten technischen Errungenschaften. Eine Ausstellung, die auch Kindern gefällt. Die Replik eines Schiffs aus dem 18. Jh., die vor dem Nemo verankert liegt, kann ebenfalls besucht werden.

Fast wie ein weißes Wasserschloss wirkt das nach langer Renovierung wiedereröffnete **Het Scheepvaartmuseum**. Einst befand sich hier der Sitz der Admiralität, heute erfahren Besucher alles Erdenkliche über die Welt der niederländischen Seefahrt.

Rembrandthuis

In der Jodenbreestraat 4–6 befindet sich das Rembrandthuis Museum. Das reizvolle dreistöckige 1606 erbaute Haus mit roten Fensterläden und dem typischen Amsterdamer Treppengiebel war 20 Jahre lang Wohnsitz des berühmten Malers, bis er, vollkommen bankrott, in das Jordaan-Viertel umziehen musste. Das Museum zeigt nicht nur 260 seiner 290 Radierungen, sondern gewährt auch einen Einblick in den Alltag des Künstlers.

Waterlooplein

Bis zum Zweiten Weltkrieg bildete der Waterlooplein das Herz des geschäftigen Judenviertels.

Die nahe **Portugees-Israëlitische Synagoge** wurde 1675 von der großen Gemeinschaft der sephardischen Juden errichtet, deren Vorfahren Ende des 16. Jh. aus Spanien und Portugal nach Amsterdam geflohen waren. Vor der Synagoge ehrt das **Dockarbeiter-Denkmal** den 24-stündigen Streik der Arbeiter im Februar 1941, die gegen die Judendeportationen durch die deutschen Besatzer protestierten.

istockphoto.com/Kranendonk

Die nächste Gracht ist nie weit in Amsterdam: typische Architektur in der Innenstadt.

Brücken

Vom Waterlooplein aus können Sie die Amstel über die **Blauwe Brug** (Blaue Brücke) überqueren und den schönsten Blick über den Fluss innerhalb der Stadt genießen. Sie stammt aus den 1880er-Jahren und trägt den Namen der blau gestrichenen Zugbrücke aus Holz, die hier einmal stand. Flussaufwärts ist ihre unmittelbare Konkurrentin zu sehen: die **Magere Brug**, eine hölzerne weiße Zugbrücke mit neun anmutigen Bogen.

Rembrandtplein

Dieser Platz, der 1876 den Namen des großen Künstlers erhielt, ist zusammen mit dem direkt angrenzenden Thorbeckeplein so etwas wie Amsterdams Miniaturausgabe des New Yorker Times Square: Überall blinken Werbetafeln und die Namenszüge von Kinos, Restaurants, Bars und Nachtklubs. Vom Besuch einer Premiere des neusten Hollywood-Streifens über eine Stripshow bis zum gemütlichen Kaffeeklatsch ist hier so gut wie alles möglich.

Ich hab' mein Herz in Heidelberg verloren, ...
Romantiker verstehen bestens, warum!

istockphoto.com/Boes

DER NECKAR

Der Neckar gilt zu Recht als einer der idyllischsten Flüsse Deutschlands. Er entspringt auf 706 m in der offenen Gäulandschaft nahe der schwäbischen Stadt Villingen-Schwenningen. Auf seinen 367 km Länge schlängelt er sich durch steilwandige Muschelkalk-Täler am Rande der Schwäbischen Alb, durchquert die weiten Talauen im Stuttgarter und Heilbronner Becken, durchbricht dann den Buntsandstein-Odenwald und erreicht schließlich bei Heidelberg die Rheinebene, wo er nach Mannheim in den Strom mündet.

Hier beginnt die Neckar-Kilometerzählung mit 0; die schiffbare Strecke mit 27 Schleusen reicht bis km 202 bei Plochingen südöstlich von Stuttgart (km 184).

Schon in der Frühzeit zogen die Landschaft des Neckars, die fruchtbaren Flussschleifen und gut zu verteidigenden engen Talschlingen Siedler an. Diese waren nicht zuletzt an den Naturreichtümern des Neckartals interessiert: Holz, Sandstein, Mineralquellen, Fischbestände und Salz.

Entlang des Flusses entstanden im Mittelalter stolze Ritterstädtchen und viele Burgen. Trotz der wechselvollen Geschichte der Region konnten die meisten Orte ihren historischen Charme erhalten. Zum Reiz des Neckartals gehört auch, dass es zu Deutschlands bedeutendsten Weinbaugebieten zählt. Dies und die weitgehend intakte Landschaft – vor allem im Bereich des Naturparks Neckartal-Odenwald – haben den Flusslauf und das Umland zum beliebten Urlaubsziel gemacht.

Heidelberg

Heidelberg (km 25), Sitz von Deutschlands ältester Universität, liegt inmitten von Wäldern im Neckartal östlich des Rheins und ist eine der schönsten Städte des Landes. Sie war lange Zeit geistige Heimat der Philosophen und Dichter und wurde dank Brentano, Arnim und Eichendorff auch zur Wiege der deutschen Romantik: Wohl kaum eine Ruine könnte romantischer sein als das Heidelberger Schloss, das über Jahrhunderte die Residenz der pfälzischen Kurfürsten war,

fotolia.com/Birn

bis es dann schließlich im 17. Jh. verwüstet wurde.

Zu den berühmtesten ehemaligen Studenten und Professoren zählen neben dem Dichter Joseph von Eichendorff der Chemiker Robert Bunsen (der Erfinder des Bunsenbrenners), der Soziologe Max Weber, die Philosophen Georg Wilhelm Friedrich Hegel und Karl Jaspers.

In der Stadt finden sich mehrere Barockgebäude aus dem 18. Jh., aber nur ein einziges Renaissancehaus aus dem 16. Jh. ist erhalten. Daran ist aber nicht der Zweite Weltkrieg schuld, sondern Ludwig XIV. mit seinen französischen Truppen.

Den Bombenangriffen der Alliierten entging Heidelberg am Ende des Krieges dank einer Vorliebe der Amerikaner für die Stadt: Ehemalige Studenten aus den USA hatten in den 1920er-Jahren zu Neubauten der Universität beigetragen, und ein paar saßen wohl 1945 in den Pilotenkanzeln… Vermutlich war der Ort damals bereits als Armeehauptquartier für die Nachkriegszeit auserwählt worden.

Philosophenweg

Um das prächtige Bild der Stadt zu erfassen, beginnen Sie Ihre Besichtigung am besten am Nordufer des Neckars beim Philosophenweg. (Von der Ladenburger Straße im Vorort Neuenheim ist der Weg dorthin ausgeschildert.)

Beim Spaziergang auf den Heiligenberg, auf dessen Gipfel die Ruine einer keltischen Wallanlage steht, können Sie sich vielleicht Hegel vorstellen, der überlegt, wie in aller Welt er seinen Studenten die »Phänomenologie des Geistes« verständlich machen könnte, oder Jaspers, der in Gedanken an seine Existenzphilosophie einhergeht. Ob sie auch Zeit fanden, die Blumen in den Gärten zu betrachten, von denen einer nach Friedrich Hölderlin, dem Lieblingsdichter der Philosophen, benannt ist?

Ins Zentrum gelangen Sie den Schlangenweg hinunter und über die unter dem pfälzischen Kurfürsten Karl Theodor 1788 errichtete **Alte Brücke** mit einer Statue der griechischen Göttin Pallas Athene am nördlichen Ende und einer von Verkörperungen der Flüsse Rhein, Donau, Neckar und Mosel gekränzten Statue des Kurfürsten am südlichen Ende. Ebenfalls zur Ehre des Fürsten erhebt sich das **Karlstor** am Ostende der Innenstadt, ein barocker Triumphbogen.

Das Schloss

Schon die Fahrt mit der Bergbahn zum Heidelberger Schloss ist eindrucksvoll. Es hat als Ruine weit mehr Anziehungskraft als viele perfekt restaurierte Schlossbauten. Vom Eingang aus nach links kommen Sie durch den Stückgarten, wo einmal die schweren Geschütze des Schlosses auf dem Rondell, einem halbrunden Turm mit ausgezeichneter Sicht auf das Neckartal, platziert waren. Am Ende des Gartens steht der ursprünglich 40 m hohe **Dicke Turm** mit 7 m starken Mauern, die zur Hälfte von französischen Kanonen zerschmettert wurden.

Das **Elisabethentor** (1615) wurde für Elisabeth Stuart, die Tochter des Königs Jakob I. von England und Gemahlin des Kurfürsten Friedrich V. von der Pfalz, errichtet. Ein Kerker jenseits des Wallgrabens trägt den unheilvollen Namen Seltenleer…

Um den Graben und über die Brücke mit ihrem von einer Kuppel gekrönten Torturm gehen Sie zum Hauptbau weiter. Im Sommer werden im **Schlosshof** ein Theaterfestival und Konzerte veranstaltet; die Kartenverkaufsstelle und ein Restaurant befinden sich rechts im **Soldatenbau** mit der davor stehenden Brunnenhalle.

Links sehen Sie den **Ruprechtsbau** (1398 begonnen und 150 Jahre später vollendet). Beachten Sie oben links an der Fassade den

istockphoto.com/Khirman

Am Friedrichsbau steht Friedrich IV. mit dem Pfälzer Löwen zu Füßen.

steinernen Adler des Kurfürsten, der Bayerns Rautenemblem und den Löwen der Pfalz in seinen Krallen hält. Innen beherrscht ein riesiger offener Sandsteinkamin aus der Renaissance den Rittersaal.

Das bedeutendste Gebäude des Schlosses und ein Glanzstück deutscher Renaissance-Architektur ist der **Ottheinrichsbau**, den Kurfürst Otto Heinrich in seinem Todesjahr (1559) errichten ließ. Die Giebel wurden von den Franzosen zerstört, doch sind der elegante Fassadenschmuck mit zahlreichen Skulpturen um die Fenster und die prächtige Eingangspforte erhalten. Dargestellt sind vor allem Helden aus Bibel und Mythologie: David mit Schwert und Goliaths Kopf, Josua mit Helm, Samson mit dem Eselskinnbacken und Herkules mit der Keule. Diese kriegerische Note steht im Widerspruch zum Ruf des damaligen Bauherrn als aufgeklärtem Herrscher, der hier auch eine der prächtigsten Bibliotheken Europas anlegte. (Einige der Tausende von Handschriften, die von katholischen Feinden der protestantischen Pfalz 1622 in den Vatikan fortgeschafft wurden, können jetzt in der Universitätsbücherei auf Mikrofilm eingesehen werden.)

Die barocke Fassade des **Friedrichsbaus** (1607; im 19. Jh. restauriert) an der Nordseite des Innenhofes kommt einer Ahnengalerie der Herrscher gleich: von Karl dem Großen links oben bis zu Kurfürst Friedrich IV., dem Namensgeber des Gebäudes.

Eine Rampe führt zum **Fassbau** hinunter, einer der beliebtesten Schlossattraktionen. Er wurde eigens für zwei Riesenfässer errichtet, von denen das große aus dem Jahre 1751 nicht weniger als 221 726 und das »kleine« (1662) immerhin 45 000 Liter fasst. Hüter der Stätte war der Zwerg Clementel Perkeo, ein ehemaliger Hofnarr der Medici in Florenz, der sich jeden Tag angeblich 10–12 l Wein zu Gemüte führte und 83 Jahre alt wurde – bis ihn ein Glas Wasser hinraffte. Den einheimischen Winzern kann diese Geschichte nur recht sein…

Unter dem Treppenaufgang des Ottheinrichsbaus liegt der Eingang zum **Deutschen Apothekenmuseum**, in dem in zehn Räumen die Geschichte der Arzneien und Arztinstrumente mit Kräuterkästen, medizinischen Gefäßen aus Porzellan und Kristall, Mörsern und Stößeln, Waagen und Retorten aufgezeigt ist.

Die Stadt

Von der Stimmung, die im 17. Jh. in der Innenstadt herrschte, nehmen Sie am **Marktplatz** noch ein wenig wahr, wo sich kleine Läden und Verkaufsstände mit Büchern und Andenken um die gotische **Heiliggeistkirche** scharen. Nach dem Bildersturm in der Reformationszeit, der dieses Gotteshaus fast aller Skulpturen und Ausschmückungen beraubte, nahmen französische Plünderer 1693 alles außer dem Grabstein des Kurfürsten Ruprecht III. (deutscher König 1400–1410) und seiner Gemahlin Elisabeth aus dem Altarraum mit. Das barocke **Rathaus** wurde nach dem Brand von 1908 sorgsam wieder instand gesetzt.

Das **Haus Zum Ritter** (Spätrenaissance) gegenüber der Kirche an der Hauptstraße 178 ist das einzige ansehnliche Privatgebäude, das den Beschuss durch die Franzosen überstand. Eine Statue des hl. Georg auf dem Giebel beschützt dieses hoch aufstrebende, wehrhafte Haus, in dem einst ein aus Frankreich geflohener Hugenotte, ein Kaufmann namens Charles Bélier, wohnte; heute ist es ein Hotel.

In der Hauptstraße stehen auch mehrere Barockgebäude. Das **Haus zum Riesen** (Nr. 52) wurde 1708 mit wieder verwerteten Steinen des Dicken Turms erbaut, den die Franzosen zerschossen hatten. Im Palais Morass (Nr. 97) sind das **Kurpfälzische Museum** mit Stadt- und Regionalgeschichte zu sehen und eine bedeutende Kunstsammlung von der Gotik bis heute. Dazu gehören unter anderem der Windsheimer Zwölfbotenaltar und eine prachtvoll geschnitzte Figurengruppe von Tilman Riemenschneider. Im modernen Erweiterungsbau des Kunstvereins sind das 19. und 20. Jh. mit Werken Heidelberger Romantiker und deutscher Expressionisten wie Karl Schmidt-Rottluff, Max Slevogt und Emil Nolde vertreten.

Zwar ist die 1386 gegründete **Heidelberger Universität** (Universitätsplatz und Augustinergasse) die älteste in Deutschland, doch historische Gebäude sind erst ab 1712 erhalten. Wo manche Studenten ihren von der Hochschule auferlegten Arrest abzusitzen hatten, sehen Sie im **Karzer** (lat.: *carcer*) mit frechen Inschriften und Schattenrissen an der Augustinergasse 2.

Huber/Schmid

Ein Kaffee mit Ausblick auf die Heiliggeistkirche und den Marktplatz.

Auf der anderen Seite des Neckars ist im **Geologisch-Paläontologischen Museum** der Universität Heidelberg (Im Neuenheimer Feld 234) dargestellt, wie vom Urknall an über 2 Milliarden Jahre lang die Erdgeschichte verlief – u. a. anhand des 500 000-jährigen Unterkiefers des *Homo heidelbergensis*.

Den Neckar entlang

Der Auftakt zur Flussreise könnte nicht schöner sein: Nur wenig östlich von Heidelberg beginnt die wildromantische Landschaft des **Naturparks Neckartal-Odenwald**. Dieses einzigartige Schutzgebiet (130000 ha) fasziniert durch seine Vielfalt: dichter Wald, tiefe Täler, uralte Burgberge oder römische Ruinen, ein Paradies für Wanderer. Zudem befinden sich am Unteren Neckar einige bezaubernde mittelalterliche Städtchen: Neckargemünd, Neckarsteinach, Hirschhorn und Eberbach gelten als »**die romantischen Vier**« an der europäischen Burgenstraße, die von Mannheim bis nach Prag führt.

Neckargemünd

Nur zehn Kilometer flussaufwärts sind es bis nach Neckargemünd (km 35), der »schönen Nachbarin Heidelbergs«. Der über 1000-jährige Ort mit seinen alten Stadtmauern und Fachwerkhäusern war früher einmal ein wichtiger Verkehrsknotenpunkt an den Heerstraßen.

Schräg gegenüber auf der anderen Flussseite lockt die beschauliche »Vierburgenstadt« **Neckarsteinach** (km 38). Die vier Festungen (zwei davon noch bewohnt) wurden zwischen dem 11. und 13. Jh. von den Edelfreien von Steinach erbaut. Bekanntester Vertreter dieses Adelsgeschlechts war Bligger II. (1152–1210), ein begnadeter Dichter und Minnesänger. Noch immer beeindruckend sind auf der linken Neckarseite die trutzigen Mauern der Bergfeste **Dilsberg** aus dem 11. und 12. Jh.

Hirschhorn

Die bewaldeten Höhen des Odenwalds begleiten den Neckar, wo er zwischen den Stromkilometern 47 und 52 eine enge Doppelschleife bildet. Am rechten Ufer breitet sich Hirschhorn (km 47) aus, das den stolzen Titel »Perle des Neckartals« trägt. Über der befestigten mittelalterlichen Stadt wachen ein ehemaliges Karmeliterkloster und die ausladende Burg der Herren von Hirschhorn. Die Anlage wurde im 16. Jh. um einen Renaissancepalast erweitert, in dem heute ein Schlosshotel untergebracht ist.

In der engen Neckarschlinge liegt in **Ersheim** (km 48) die älteste Kapelle (14. Jh.) des Unteren Neckartals.

Eberbach

Die alte Staufer- und ehemalige Reichsstadt Eberbach (km 57) wartet mit prächtigen Bürgerhäusern, wehrhaften Mauern und Türmen, einer schön restaurierten Altstadt und heilenden Mineralquellen auf. Im **Thalheimschen Haus** (1390) neben dem Pulverturm befindet sich das Informations-

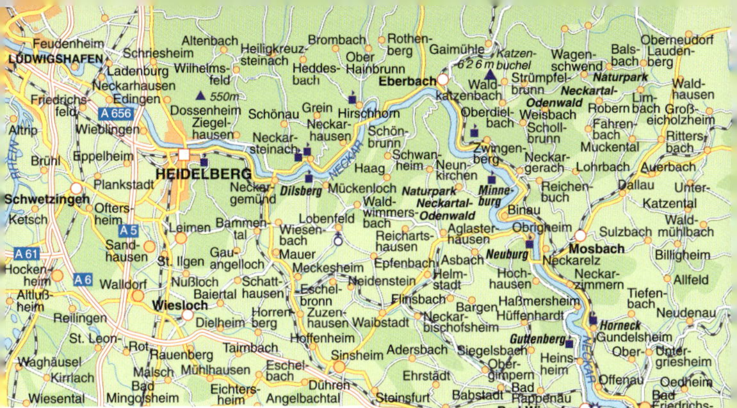

zentrum des Naturparks Neckartal-Odenwald. Einen Besuch lohnt das **Museum der Stadt Eberbach**, das über alle Aspekte der Region – Geschichte, Geologie, Flussschifffahrt usw. – informiert.

Ritterburgen

Die folgende Reiseetappe durch ein Gebiet, das bereits in der Frühzeit besiedelt war, wird von landschaftlichen Schönheiten und mächtigen Ritterburgen geprägt. Den Fluss säumen Treidelpfade, auf denen man einst die Frachtkähne stromaufwärts zog.

Die **Burg Zwingenberg** (km 66) ist bekannt für ihre alljährlich stattfindenden Schlossfestspiele. Die **Wolfsschlucht** hinter der Feste inspirierte Carl Maria von Weber zu Teilen seiner Oper *Der Freischütz*.

Dem alten Dorf Neckargerach (km 70) gegenüber liegt die ro-

Tourist-Information Bad Wimpfen

Bad Wimpfen bezaubert jeden Besucher mit seiner Ansicht.

mantische **Minneburg** (12. Jh.), darauf folgt die enge Margarethenschlucht, die das eigentliche Ende des Odenwalds markiert. Nun tauchen langsam die ersten Weinberge auf.

Als nächste grüßen **Schloss Neuburg** (ursprünglich 10. Jh; km 82) bei Obrigheim und die **Burg Hornberg** (11. Jh., heute ein Hotel und Weingut; km 87) bei Neckarzimmern. Ihr berühmtester Bewohner war im 16. Jh. der Ritter Götz von Berlichingen.

Burg Guttenberg

Einen Besuch lohnt die mächtige Burg Guttenberg (km 92) aus der Stauferzeit. Da die Anlage ständig erweitert, aber nie zerstört wurde, lässt sich hier die Entwicklung des mittelalterlichen Festungsbaus nachvollziehen. Das interessante Burgmuseum (geöffnet von April bis Oktober) ist reich an historischen und künstlerischen Schätzen. Guttenberg ist zudem Sitz der **Deutschen Greifenwarte**, die sich vor allem der Aufzucht von bedrohten Greifvögeln und Eulen widmet.

Am anderen Ufer liegt die alte Deutschordensstadt **Gundelsheim** (km 94) mit der **Burg Horneck**. Diese diente bis 1527 als Residenz der Deutschmeister.

Bad Wimpfen

Die einstige Kaiserpfalz der Staufer, Bad Wimpfen (km 100), zählt zu Deutschlands reizvollsten Städtchen; sie besteht aus der älteren, auf die Römer zurückgehenden Siedlung **Wimpfen im Tal** und aus **Wimpfen am Berg** mit seiner berühmten mittelalterlichen Silhouette. Diese verdankt die Stadt vermutlich Friedrich II., obwohl schon sein Großvater, Friedrich I. Barbarossa, hier 1182 einen Hoftag abhielt. Die markantesten Bauten sind der Rote und der Blaue Turm der Wehrmauer, der Palas mit seiner Doppelarkaden-Wand, das Steinhaus, Deutschlands größtes romanisches Wohngebäude (heute das Historische Museum), und die um ein spätgotisches Langhaus erweiterte Stadtkirche. In den Gässchen des Burgenviertels reihen sich historische Häuser aus verschiedenen Epochen aneinander – der perfekte Rahmen für mehrere traditionelle Feste und Märkte.

Als Meisterwerk der Frühgotik gilt die in Wimpfen im Tal stehende Ritterstiftskirche St. Peter, die heute zur Benediktinerabtei Grüssau gehört.

Bad Wimpfens beliebtes ausgedehntes Kurzentrum mit den Solebädern befindet sich am nördlichen Stadtrand. Seinen Aufstieg zum Kurort verdankt Wimpfen eigentlich **Bad Friedrichshall** gegenüber (km 102), wo die begehrte Sole und das Salz hauptsächlich herstammen. Das beeindruckende **Salzbergwerk Kochendorf** steht Besuchern erst nach seiner Sanierung wieder offen.

Neckarsulm

Die ehemalige Frankensiedlung Neckarsulm (km 107), heute ein Weinbau- und Industriezentrum (Audi), war ebenfalls lange Zeit (1484–1805) Deutschordensstadt. Das Ordensschloss birgt nun das sehenswerte **Deutsche Zweirad- und NSU-Museum**.

Heilbronn

Südlich von Neckarsulm teilt sich der Fluss, um in zwei Armen durch das Zentrum von Heilbronn (km 113) zu fließen. Die zwischen Weinberge gebettete moderne Industrie- und Handelsstadt wurde im Zweiten Weltkrieg fast vollständig zerstört, jedoch mitsamt ihren historischen Baudenkmälern wieder aufgebaut.

Heilbronns Wahrzeichen ist die **Kilianskirche** mit dem Kiliansturm. Das gotische Gotteshaus birgt noch den originalen wunderschönen Hochaltar (1498) von Hans Seyfer. Der 62 m hohe Turm an der Westseite gilt als erstes Renaissancebauwerk nördlich der Alpen. Der übergroße, »Männle« genannte Landsknecht auf der Spitze ist eine Kopie; das Original steht unter den Rathausarkaden.

Das **Rathaus** am Marktplatz stammt aus verschiedenen Stilepochen; Glanzstück ist die astronomische Uhr (1580) über dem Portal. In der Ehrenhalle gedenkt man der 11 000 Heilbronner Op-

Das »Käthchen«. Das »Käthchen von Heilbronn« von Heinrich Kleist (1777–1811) zählt zu den bekanntesten Frauengestalten des deutschen Theaters. Der Dichter weilte jedoch nie in der damaligen Reichsstadt und kannte sie nur vom Hörensagen. So ist auch das Käthchenhaus am Marktplatz nur ein Symbol, denn bei den Protagonisten der dramatischen Liebesgeschichte handelte es sich durchwegs um Fantasiegestalten.

de.wikipedia.org/Schmelzle

fer des Zweiten Weltkriegs. Östlich des Marktplatzes erhebt sich der 43 m hohe **Hafenmarktturm**, der einst zu einem Kloster gehörte.

Von der Kilianskirche gelangt man durch die Kirchbrunnenstraße zum **Deutschordensmünster** und zum hübschen historischen Ensemble **Deutschhof** (ursprünglich 13. Jh.), das ein Kulturzentrum sowie das Archäologie- und das Skulpturenmuseum birgt. Daneben erhebt sich das **Fleisch- und Gerichtshaus** (1600).

Ludwigsburg

Südlich von Heilbronn bildet der Fluss viele Schleifen, an einer liegt das Städtchen **Marbach** (km 157), wo der Dichter Friedrich Schiller geboren wurde. Kurz darauf erreicht man die Barockstadt Ludwigsburg (km 163).

Ursprünglich wollte der württembergische Herzog Eberhard Ludwig 1704 nur sein Jagdhaus wieder aufbauen – entstanden ist bis 1733 das »Schwäbische Versailles«, ein prachtvolles **Residenzschloss** mit sage und schreibe 452 reich geschmückten Räumen in 18 Gebäuden. Bei einer Führung können Sie auch die Porzellansammlung aus der im Jahr 1758 gegründeten Ludwigsburger Manufaktur bewundern.

Ebenso überwältigend wie das Schloss sind die nach Themen angeordneten weitläufigen **Gartenanlagen**. Jedes Jahr von Ostern bis Herbst verwandeln sich die Gärten während der Schau »Blühendes Barock« in ein Blumenmeer.

Hinter der Residenz steht in einem Wildpark das hübsche **Jagd- und Lustschloss Favorite** (1713–23); etwas außerhalb befindet sich das Seeschloss Montrepos, ein Rokoko-Meisterwerk. Die westlich des Sitzes entstandene Ludwigsburger **Innenstadt** bezaubert mit einem arkadengesäumten Marktplatz, zwei Barockkirchen und attraktiven Geschäften und Cafés.

Von hier sind es nur wenige Kilometer bis in die Hauptstadt Baden-Württembergs, Stuttgart (600 000 Einwohner, km 184).

Stuttgart

Vom 1927 im Stil der Moderne erbauten Hauptbahnhof, dessen Verlegung unter die Erde nach einer Volksabstimmung 2011 beschlossen wurde, führt die Königstraße ins Zentrum. Nach dem Kunstgebäude erreichen Sie das **Neue Schloss** (1746–1807), das heute der Landesregierung für Repräsentationszwecke dient.

Das benachbarte **Alte Schloss**, ursprünglich eine Wasserburg aus dem 13. Jh., erfuhr verschiedene An- und Umbauten. Nun ist es Sitz des vielseitigen **Landesmuseums Baden-Württemberg** (bis 2014 teilweise geschlossen).

Lohnend ist die hübsche alte **Schlosskirche**. Gegenüber steht Stuttgarts Wahrzeichen, die **Stifts-**

kirche aus der Stauferzeit (um 1170) mit ihren beiden ungleichen Türmen. Das Innere birgt die Grabstätten von mehr als hundert Fürsten, Königen und Herzögen der Württemberger-Dynastie.

Auf der andern Straßenseite zeigt der Glaskubus des **Kunstmuseums** deutsche Kunst des 19.–21. Jh., darunter die weltgrößte Sammlung von Otto Dix.

Die Königstraße entlang folgt das moderne **Rathaus**, dessen Glockenspiel auf dem 60 m hohen Turm schwäbische Volkslieder spielt. Rechter Hand liegt die **Calwer Passage** mit exklusiven Läden und Restaurants.

Ein Publikumsmagnet ist die **Staatsgalerie** östlich des Hauptbahnhofs. Im alten klassizistischen Gebäude sind Werke vom Mittelalter bis zum 19. Jh. zu sehen, während sich der neue Bau des Stararchitekten James Stirling der Kunst der Moderne widmet.

Einen Blick auf die Metropole und das Neckartal erhaschen Sie vom **Fernsehturm** (217 m) in Stuttgart-Degerloch mit Aussichtsplattform (150 m).

In Zuffenhausen steht seit 2009 das **Porsche Museum**, ein Glanzstück des österreichischen Architektenbüros Delugan Meissl.

Huber/Schmid

Huber/Schmid

Die Architektur Stuttgarts, von klassisch bis modern: das Neue Schloss und das neue Kunstmuseum.

Die imposante Skyline der Finanzmetropole Frankfurt am Main weist die größte Wolkenkratzeransammlung Europas auf.

Huber/Gräfenhain

DER MAIN

Der Main fließt bei Mainz in den Rhein – und wird oft als »Weißwurstgrenze« bezeichnet, die Süden und Norden des Landes teilt. Viele behaupten sogar, dass beidseits des Flusstals die Charaktere verschieden sind – nördlich kühlere und beherrschtere und südlich entspanntere und eher heitere...

Auch kulinarisch macht sich der vorstehend angedeutete Unterschied bemerkbar: Südlich des Mains bevorzugt man Schweinefleisch, Würste, Klöße und Teigwaren wie »Spätzle«, nördlich isst man lieber Rindfleisch, Hammel, Fisch und Grüngemüse. Der Reisende durch die Regionen Hessen und Franken kann sich an beidem laben und dazu in Mainz delikate Rheinweine und um Würzburg herum leichte Frankenweine genießen.

Frankfurt

Das im Herzen Deutschlands gelegene Frankfurt (km 35 des Mains) war seit der Bronzezeit ein Knotenpunkt kontinentaler Handelswege. Auch als die Stadt später politisch an Bedeutung verlor, blieb sie ein wichtiger Ort für Handelsmessen und Transitverkehr. Über Deutschland hinaus ist der Flughafen Frankfurt ein Luftverkehrskreuz erster Ordnung. Noch heute ziehen die verschiedenen Messen das ganze Jahr über Besucher aus aller Welt an. Besonders berühmt ist die jeweils im Oktober stattfindende Buchmesse.

Frankfurt ist längst über die alten Stadtgrenzen hinausgewachsen. Ursprünglich zogen sich die heute nur noch zu einem kleinen Teil erhaltenen Stadtmauern in einem Halbkreis nördlich des Mains um die Stadt. Jetzt gehören Sachsenhausen, ein Wohnviertel am südlichen Ufer, sowie die großen Vororte Höchst, Bergen-Enkheim und Seckbach zur Stadtregion, die 2,3 Millionen Einwohner zählt. Auf Frankfurt selbst entfallen 670 000 Seelen.

Altstadt

Einige alte Gebäude in der Altstadt wurden wieder aufgebaut und es gibt Projekte, sie um weitere historische Bauten zu ergänzen. Gelungen ist dies schon in den 1980er-Jahren mit dem **Römerberg**, dem Rathausplatz. Der Brunnen mit seiner zierlichen Gerechtigkeitsstatue (1543) in der Platzmitte hat die Bombenangriffe unbeschadet überstanden.

Drei aneinandergereihte Giebelbauten beherrschen den Platz: in der Mitte der **Römer** (1405), das ehemalige Rathaus, links davon **Alt Limpurg** (1495) und rechts der **Löwenstein**. Der Römer birgt den Kaisersaal, in dem ab 1562 die Krönungsbankette stattfanden. Die Wände ziert eine vollständige Bilderreihe der 52 römisch-deutschen Kaiser von Karl dem Großen bis zu Franz II. Auf der anderen Seite des Platzes steht die **Nikolaikirche**, die ehemalige Rathauskapelle, die aber 300 Jahre vor dem Römer entstand.

Historisches Museum

Einen guten Einblick in die Stadtgeschichte bietet das Historische Museum auf der anderen Seite des Flusses, an der Saalgasse 19. Ältester erhaltener Bau der Innenstadt und einziger Rest des Palastes von Friedrich Barbarossa ist die **Saalhofkapelle** (1175); sie ist integriert in den bis 2014/15 entstehenden Komplex des Historischen Museums Frankfurt. Hier, an der Saalgasse, bekommt man umfassende Einblicke in die Stadtgeschichte, auch wenn der Gesamtumbau noch nicht beendet ist.

Paulskirche

Frankfurts frühere evangelische Hauptkirche ist ein klassizistischer Bau des 19. Jh. und war – allein schon wegen ihrer Personenkapazität von 500 Sitz- und 1200 Stehplätzen – 1848–49 Tagungsort der deutschen Nationalversammlung, der ersten frei gewählten Volksvertretung. Heute ist sie ein nationales Denkmal.

Dom

Der Dom (13. bis 15. Jh.) ist einer Reliquie wegen dem hl. Bartholomäus geweiht und befindet sich an der Stelle einer 852 erbauten karolingischen Kirche. Er war nie Bischofskirche, erhielt aber die Bezeichnung »Kaiserdom«, da hier von 1562 bis 1792 die deutschen Kaiser gekrönt wurden.

Im nüchternen Innenraum beeindrucken das fein geschnitzte Chorgestühl und, rechts vom Chor, die schlichte **Wahlkapelle**, in der die Kurfürsten unter Ausschluss der Öffentlichkeit zusammentraten. Betrachten Sie im Turmsaal die eindrückliche Kreuzigungsgruppe des Mainzer Bildhauers Hans Backoffen. Vom gotischen Turm bietet sich ein herrlicher Blick.

Im **Historischen Garten** beim Dom sind Reste der römischen Siedlung und Grundmauern des karolingischen Königspalastes freigelegt worden.

Goethe-Haus

Deutschlands größter Dichter, Johann Wolfgang von Goethe, kam 1749 in Frankfurt zur Welt. Sein hübsches Wohnhaus im Großen Hirschgraben, das sehr empfehlenswerte Goethe-Haus, wurde restauriert und mit Originalmöbeln ausgestattet. Unmittelbar daneben können Sie das **Goethe-Museum** besuchen.

Neustadt

Wenn Sie die in Mainnähe gelegene Altstadt nordwärts verlassen, tauchen Sie in ein anderes Frankfurt ein. Die Neustadt, im 14.–16. Jh. mit einem großen Wallring versehen, ist noch immer Zentrum des Geschäftslebens. Mittelpunkt ist der Platz vor der **Hauptwache**, einem schönen Barockgebäude aus dem Jahre 1730. In der protestantischen **Katharinenkirche** gegenüber wurde Goethe getauft und konfirmiert.

Finanzviertel

Aus dem prächtigen, modernen Finanzviertel ragt als altes Wahrzeichen der **Eschenheimer Turm** von 1426 auf. Dieser runde, 47 m hohe Stadtmauernturm, der letzte er-

istockphoto.com/Uhlenberg

Huber/Lubenow

Bildagentur Huber

Metropole Frankfurt: Dom-Turm und Hausecke am Römerberg. | Marktfrau an einem Stand an der Konstablerwache. | Das Dichterzimmer im Geburtshaus Johann Wolfgang von Goethes.

haltene von einst 42 und heute ein Zwerg zwischen riesigen Glas- und Stahlkonstruktionen, war früher ein Symbol für Macht und Einfluss der freien Reichsstadt.

Mehrere alte Gebäude sowie das Telekom-Hochhaus (1951–55) mussten dem Bau des modernen Büro- und Geschäftsviertels **PalaisQuartier** weichen. Eine Ausnahme bildet das im 2. Weltkrieg fast komplett zerstörte **Palais des Prinzen von Thurn und Taxis** (früherer kaiserlicher Postminister) von 1734, das nun nach historischem Vorbild wieder errichtet wurde. Gegenüber befindet sich in einem Renaissancebau von 1879 die **Frankfurter Börse**, die zu den größten der Welt gehört.

Messeturm

Von Weitem sichtbar ist der 1991 von Helmut Jahn (Chicago) erbaute Messeturm auf dem großen Messe- und Ausstellungsgelände. Die oberen Stockwerke des 256 m hohen Turms aus rotem Granit nehmen Büros der Deutschen Bundesbank ein.

Noch etwas höher ist der **Commerzbanktower** (258 m), eines der höchsten Bürohäuser Europas.

Sachsenhausen

Sachsenhausen, ein gemütliches Wohn- und Ausgehviertel am Südufer des Mains, blieb von Zerstörung und Wiederaufbau verschont. Daher ist die Atmosphäre alter Zeiten hier noch am ehesten spürbar. Das frühere Dorf war 1221 vom Deutschen Orden gegründet worden. Im Refektorium des Deutschordenshauses (1705) gibt heute das **Ikonen-Museum** mit über 1000 Kunstwerken aus dem 15.–20. Jh. und mit Sonderausstellungen Einblick in christlich-orthodoxe Bilderwelt.

Museumsufer

Die meisten Museen befinden sich am linken Flussufer entlang dem Schaumainkai. In den Grünanlagen am Museumsufer bilden einige klassizistische Patrizierhäuser einen schönen Hintergrund für die große, sehenswerte Kunstsammlung des **Städel Museums**, Holbeinstraße 1. Es wurde 1816 auf der Grundlage der Sammlung des Bankiers Johann Friedrich Städel gegründet. Das Museum erhält derzeit einen unterirdischen Erweiterungsbau, weshalb nur ein Teil der Sammlung besichtigt werden kann.

In der Abteilung für europäische Kunst (14. Jh. bis Gegenwart) stoßen Sie u. a. auf Tischbeins berühmtes Goetheporträt (*Goethe in der römischen Campagna*). Die italienische Kunst ist mit Fra Angelico, Botticelli und Pontormo vertreten. Sie finden holländische und flämische Maler wie Vermeer, Rembrandt und van Eyck oder deutsche Meister wie Grünewald, Holbein und Dürer.

Aus dem 19. und 20. Jh. besitzt das Museum Werke von französischen Malern wie Courbet, Monet, Degas und Matisse sowie Arbeiten deutscher Expressionisten wie Dix, Beckmann und Kirchner.

Das **Deutsche Architekturmuseum (DAM)**, Schaumainkai 43, ist für sich schon ein architektonisches Juwel aus Neu und Alt; in dem von O. M. Ungers modifizierten Bau sind Modelle und Meisterzeichnungen von Bauwerken der ganzen Welt zu sehen, von italienischen Renaissance-Bauten eines Bramante oder Michelangelo bis zu modernsten Konstruktionen in Tokio, Paris oder Chicago.

Das **Deutsche Filmmuseum** am Schaumainkai 41 wurde baulich und inhaltlich komplett erneuert und vergrößert und im August 2011 wiedereröffnet. Die neue Dauerausstellung umfasst zahlreiche historische Exponate, interaktive Medienstationen und einen attraktiven Filmraum mit vier Großleinwänden. Das umgebaute Kino (131 Plätze) verfügt über modernste Projektionstechnik; die Filme werden häufig in der Originalversion gezeigt.

Das **Museum für Angewandte Kunst**, Schaumainkai 17, wurde vom New Yorker Architekten Richard Meier entworfen. Der Bau bezieht die klassizistische Villa Metzler in ein modernes, weiß lackiertes Glasgebäude ein. Die hervorragenden Sammlungen enthalten persische und chinesische Keramik, Porzellan aus Meißen, Nymphenburg und Sèvres, venezianische und moderne amerikanische Kristallglasgegenstände sowie Bucheinbände im Jugendstil.

Das **Museum der Weltkulturen**, Schaumainkai 29, 35 und 37, besitzt eine eindrucksvolle Sammlung von Werkzeug, Waffen, Kostümen, Masken und Skulpturen aus Afrika, Asien, Ozeanien, Nord- und Südamerika.

Wenn Sie ans rechte Ufer zurückkehren, kommen Sie zum **Jüdischen Museum** am Untermainkai 14, das sich im Palais (1821) der Familie Rothschild befindet.

Den Main entlang

Die beiden Quellflüsse – der Rote Main vom Ostrand der Fränkischen Alb und der Weiße Main vom Fichtelgebirge her – vereinigen sich zu dem 524 km langen Fluss, der westlich von Bamberg aus schiffbar ist. Die Bedeutung des lange Zeit wichtigen Ost-West-Handelswegs stieg noch durch den Bau des Ludwigskanals, seit 1992 des Main-Donaukanals, zur Donau: Über Main und Rhein entstand ein Großschifffahrtsweg vom Schwarzen Meer bis zur Nordsee. Am Main wurden zudem 40 Elektrizitätswerke erbaut, das größte in Griesheim. Hinter Frankfurt biegt der Main südlich nach Aschaffenburg ab, das im Herzen des Spessarts mit seinen Eichen- und Buchenwäldern liegt. Nach einem Abstecher nach Osten zum Schloss Mespelbrunn fließt der Main an den blumengeschmückten Fassaden der Fachwerkhäuser von Miltenberg und den mittelalterlichen Wehranlagen von Gemünden und Karlstadt vorbei. Endstation der Mainfahrt ist das inmitten von Weingärten gelegene Würzburg mit seinem barocken Bischofspalast, mehreren bedeutenden Kirchen und einer prachtvollen Sammlung gotischer Skulpturen von Tilman Riemenschneider.

Aschaffenburg

Östlich des Industriegebiets um Frankfurt fließt der Main durch die lieblichen Hügel und Wälder des Spessarts. Die Stadt Aschaffenburg (km 87) verdankt ihren Reiz den Grünanlagen und dem verschwenderischen Lebensstil der Mainzer Erzbischöfe sowie des Bayernkönigs Ludwig I. in späterer Zeit.

Das **Bischofsschloss Johannisburg** (17. Jh.) bezieht einen mittelalterlichen Bergfried in einen gigantischen Renaissancepalast mit rechteckigem Innenhof ein. In der **Gemäldegalerie** sind Werke von Hans Baldung Grien und Lucas Cranach zu bewundern.

Das **Pompejanum** westlich des Schlosses, eine äußerst fantasievolle Nachbildung des Hauses von Castor und Pollux in Pompeji, stammt von Ludwig I. – mit Zypressen, Mandel- und Feigenbäumen hielt hier das Mittelmeer im Maintal Einzug.

Schönbusch südwestlich der Stadt ist der schönste Park von Aschaffenburg; er wurde im englischen Stil vom Gartenarchitekten Friedrich von Sckell angelegt.

Mespelbrunn

Ein kurzer Ausflug (20 km) in südöstlicher Richtung führt von Aschaffenburg zum Märchenschloss Mespelbrunn, dessen 1904 restaurierte Renaissancetürme sich in einem Teich am Rand des Odenwalds spiegeln. Im Innern ist der Rittersaal mit Waffen und Rüstungen aus dem Dreißigjährigen Krieg besonders eindrucksvoll.

Sehenswert sind in der nahe gelegenen **Wallfahrtskirche und -kapelle** von Hessenthal neben Bildhauerwerken des Mainzer Meisters Hans Backoffen und des Würzburgers Tilman Riemenschneider die Grabstätten der Familie Echter, die das Schloss 1419 errichten ließ.

Miltenberg

Miltenberg (km 125) rühmt sich eines der schönsten Marktplätze Deutschlands. Weiß leuchtende Fachwerkhäuser mit steilen rostroten Dächern umringen einen stattlichen achteckigen Brunnen aus rotem Sandstein, und hoch oben darüber ragt die Miltenburg inmitten von Buchen auf.

Die alte Amtskellerei beherbergt jetzt das **Museum der Stadt Miltenberg**, und an der Hauptstraße ist das Haus zum Riesen – 1411 erbaut und 1590 neu instand gesetzt – bis heute eine Gastwirtschaft und als Deutschlands älteste fürstliche Herberge bekannt; zu den Gästen zählten im Dreißigjährigen Krieg Schwedens König Gustaf II. Adolf und dessen Erzfeind, der deutsche General Wallenstein (zum Glück nicht zur selben Zeit).

istockphoto.com/Lupu

Park Schönbusch mit Schlösschen – zu jeder Jahreszeit bezaubernd.

Wertheim

Die Ruine einer gewaltigen Burg aus dem 12. Jh. ist oberhalb von Wertheim (km 157) zu sehen. Zwischen den schönen Fachwerkbauten der Stadt am und um den Marktplatz stehen die unglaublich spitz zulaufende **Bäckerei Kachel**, der **Adler** aus dem 16. Jh. und das **Witt-Haus** mit seinem Fries aus Skeletten. Beeindruckend in der gotischen **Pfarrkirche** (1384) ist eine Reihe von Grabmälern; jenes aus gelbem Alabaster wurde im 17. Jh. für Graf Ludwig von Löwenstein-Wertheim und seine Frau errichtet.

Gemünden

Gemünden (km 212) an der Mündung der Saale in den Main wurde im Zweiten Weltkrieg stark beschädigt, doch am Ring der mittelalterlichen Stadtmauern blieben das Mühltor und einige Häuser aus dem 16. und 17. Jh. erhalten.

Über der Stadt erblicken Sie auf einem hohen Bergvorsprung zwischen den beiden Flüssen die Ruine der **Scherenburg** (13. Jh.) innerhalb eines Dreiecks aus Wehranlagen.

Karlstadt

Karlstadt (km 226) mit Resten seiner Stadtmauer ist schachbrettartig um den viereckigen Marktplatz angeordnet. Das Rathaus ist

istockphoto.com/Pasticcio

Huber/Schmid

Dominique Michellod

istockphoto.com/Rackermann

wegen der Ratssäle mit Renaissance-Innenausstattung einen näheren Blick wert. In der Pfarrkirche St. Andreas stammen die Kanzel und die Statue des hl. Nikolaus von Tilman Riemenschneider.

Würzburg

Der altehrwürdige Bischofssitz Würzburg (km 252) ist vom fränkischen Weinland umgeben. Rebstöcke bedecken die Hänge bis zur Festung Marienberg hinauf, die von der anderen Seite des Mains her die Stadt überblickt. In dieser Renaissanceburg finden Sie das **Mainfränkische Museum** mit Heimatgeschichte und Kunstwerken der Gegend, darunter auch Weinpressen; am beliebtesten sind die Werke des Bildhauers Tilman Riemenschneider, der 1483–1531 in Würzburg wohnte.

Residenz

Mit der Residenz der Fürstbischöfe, die von Balthasar Neumann und Lukas von Hildebrandt entworfen und 1744 vollendet wurde, sehen Sie in Würzburg einen der schönsten Barockpaläste Deutschlands. Er zählt zum

Der Spessart war schon im Mittelalter ein guter Jagdgrund. | Frankenwein im typischen Bocksbeutel. | Rothenburg, Inbegriff der Romantik. | Rothenburger Leckerei: verschiedene Schneeballen.

Weltkulturerbe der UNESCO. Den Außenanblick genießt man von den einladenden Gartenanlagen her. Im Innern gestaltete der Venezianer Tiepolo die Fresken über der Zeremonientreppe und im Kaisersaal, wo Würzburgs Geschichte des Mittelalters dargestellt ist. Neumanns Meisterwerk ist die von Licht und Farben durchflutete Hofkirche, in der Tiepolo zwei Seitenaltäre ausmalte (bis Mitte 2012 geschlossen).

Neumünsterkirche

Ein weiteres bewundernswertes Barockwerk ist die vermutlich von Johann Dientzenhofer geschaffene Fassade der Neumünsterkirche, der heutigen Bischofskathedrale, in deren Rundbau in einer Nische eine Madonna von Riemenschneider steht. Die Kirche birgt das Grab des hl. Kilian, der 689 in Würzburg hingerichtet wurde. Der angrenzende Dom (1945 zerstört, danach wieder aufgebaut) trägt den Namen des irischen Mönchs. Die Kirche wird bis zum Advent 2012 renoviert, erst danach kann man wieder die Riemenschneider-Skulpturen bewundern.

Rothenburg ob der Tauber

Dieser Ort südlich von Würzburg gilt als Inbegriff einer deutschen Stadt aus dem Mittelalter und bildet den gebührenden Höhepunkt der »Romantischen Straße«. Die imposante Stadtmauer mit ihren Toren und Türmen und die schön erhaltenen Giebelhäuser lassen die vergangene Bedeutung Rothenburgs erahnen.

Wie schon der Name sagt, liegt die Stadt auf einer Anhöhe über dem Fluss. Die Tauber – die einen natürlichen Burggraben zwischen den Westmauern bildet – entspringt 14 km südlich von Ro-

Der Meistertrinker. Im Jahr 1631 drohte Rothenburg, das sich im Dreißigjährigen Krieg aufseiten der Protestanten hielt, die Gefahr, von den katholischen Truppen verwüstet zu werden. Um Graf Tilly, den Kommandanten des kaiserlichen Heers, umzustimmen, bewirteten ihn die Stadtväter großzügig mit Wein. Schließlich willigte er ein, seine Soldaten von der Brandschatzung abzuhalten – unter der Bedingung, dass ein Bürger der Stadt einen Krug Wein – insgesamt 3,5 l – auf einen Zug leerte. Dem Altbürgermeister Georg Nusch gelang diese Leistung, die später als »Meistertrunk« bekannt wurde. Die Heldentat wird noch heute im Frühling, Sommer und Herbst mit einem Kostümstück zelebriert, und die Figuren auf der Uhr am Gebäude des Fremdenverkehrsbüros erinnern mehrmals täglich an die legendäre Begebenheit.

Abendmahlsgruppe am Heiligblut-Retabel von Riemenschneider in der St. Jakobskirche.

hemis.fr/Mattes

thenburg und mündet 120 km weiter nördlich in den Main. Die wohlhabenden Patrizier der Stadt genossen besondere Privilegien im Deutschen Reich und statteten ihre Kirchen mit Werken von Tilman Riemenschneider und Friedrich Herlin aus.

Marktplatz

Der Stadtrundgang beginnt im historischen Zentrum am Marktplatz. In der historischen **Ratstrinkstube** an der Nordseite des Platzes, dem Schauplatz des berühmten »Meistertrunks« (siehe Kasten, S. 93), ist heute die Touristeninformation untergebracht. Die Figuren der Kunstuhr (1683) treten zwischen 11 Uhr und 15 Uhr sowie von 20 bis 22 Uhr zu jeder vollen Stunde in Aktion.

Beachten Sie auch den **Georgsbrunnen** (1608); dies war einer der Ziehbrunnen, durch die man Wasser – zum Trinken und Feuer löschen – in die Stadt hinaufpumpte.

Rathaus

Das Rathaus kann als Symbol des Bürgerstolzes während Rothenburgs Blütezeit im Mittelalter und der Renaissance gelten. Der nach Süden ausgerichtete gotische Teil (1250–1400) des Bauwerks beherbergt im Innern den Kaisersaal. Wer über die Treppen in den 60 m hohen Glockenturm hinaufklettert, wird oben mit einem prachtvollen Blick auf die Stadt und das Taubertal belohnt.

Der nach Osten blickende Renaissanceteil (1572–78) des Rathauses wurde 1681 mit einer eleganten Arkade geschmückt. Durch ein schönes Tor gelangt man in den Innenhof, wo alljährlich der stimmungsvolle Weihnachtsmarkt abgehalten wird.

St. Jakobskirche

Der Bau der gotischen Pfarrkirche begann 1311; sie war als Wallfahrtskirche für die hoch verehrte Heiligblut-Reliquie bestimmt. Der Heiligblut-Retabel im Westchor mit der Darstellung des Letzten Abendmahls (1505) von Tilman Riemenschneider gilt als ein Meisterwerk bayrischer Kunst. Noch älter ist der Hochaltar (1466), ein Werk von Friedrich Herlin aus dem nahen Nördlingen. Im Chor gibt es schöne Buntglasfenster (15. Jh.) zu bewundern – bei Vormittagssonne sind die 600 Jahre alten Fenster eine Augenweide.

Reichsstadtmuseum

Unmittelbar an der Stadtmauer ist in einem 700-jährigen Dominikanerinnenkloster das Reichsstadtmuseum untergebracht. Zur Ausstellung gehören Möbel aus dem Mittelalter und der Renaissance, die Klosterküche, Utensilien, Waffen usw. Natürlich darf auch der von Georg Nusch geleerte Weinkrug nicht fehlen.

Huber/Schmid

Die Ochsenfurter Gautracht.

Stadtbefestigung
Von der ehemaligen Burg der Hohenstaufen ist nichts übrig geblieben, doch das imposante **Burgtor** (1360) steht noch. Durch das Tor betritt man den **Burggarten**, der einen schönen Blick auf das Taubertal gewährt.

Die beste Aussicht auf die seit dem 13./14. Jh. intakt bewahrten Stadtmauern hat man vom alten **Spital** und der **Spitalbastei** am südlichen Stadtrand. Einen Spaziergang auf dem Wehrgang beginnt man am besten bei der spätgotischen **Wolfgangskirche**, die in das Klingentor einbezogen ist. Weiter geht es Richtung Osten zum Galgentor. Wer sehen möchte, wie man die Verurteilten vor ihrer Hinrichtung behandelte, stattet dem **Kriminalmuseum** (in einem ehemaligen Johanniterkloster von 1395) einen Besuch ab. Hier erfahren Sie mehr über die Rechtsprechung der letzten 1000 Jahre und sehen die Folterinstrumente.

Ochsenfurt
Rund 20 km mainaufwärts gelangt man nach Ochsenfurt (km 271), dessen Stadtmauer auf das 14. Jh. zurückgeht. Besonders hübsch sind die alten Fachwerkhäuser mit ihren schmiedeeisernen Aushängeschildern an der Hauptstraße. Hier stehen auch das alte und das neue Rathaus, dessen Spieluhr als Ochsenfurts Wahrzeichen gilt. Die Andreaskirche (13.–15. Jh.) besitzt einen reich geschmückten Innenraum mit einer Skulptur Tilman Riemenschneiders. Die Stadt hält in vielen Volksfesten an den fränkischen Traditionen fest.

Kitzingen
Die frühere Bedeutung der Kreisstadt Kitzingen (km 287) wird angesichts des Renaissance-Rathauses und mehrerer Kirchen aus dem 15.– 18. Jh. deutlich.

Volkach
Im hübschen Winzerstädtchen Volkach (km 306) an der Main-

schleife lohnen das schöne Rathaus und das barocke Schelfenhaus einen Besuch, vor allem aber die Wallfahrtskirche St. Maria im Weingarten (nordwestlich der Stadt) mit Riemenschneiders berühmter Rosenkranzmadonna.

Schweinfurt

Schweinfurt (km 333) ist das größte Industriezentrum Unterfrankens. Die Stadt wurde über die Jahrhunderte wiederholt zerstört, zuletzt im Zweiten Weltkrieg. Dennoch blieben Bauten erhalten, die von seiner historischen Rolle als freier Reichsstadt zeugen: die spätromanische Johanniskirche (mehrfach umgebaut), das Rathaus (16. Jh.), das Gymnasium und das Zeughaus.

istockphoto.com/Busto

Das Alte Rathaus in Bamberg.

Hassfurt

22 km weiter liegt das fränkische Städtchen Hassfurt (km 355). Seine spätgotische Ritterkapelle birgt ein Wappenfries mit 241 Schilden und interessante Grabsteine. In der gotischen Pfarrkirche ist unter anderem eine Holzfigur Johannes des Täufers von Tilman Riemenschneider zu sehen.

Main-Donau-Kanal

1992 wurden die kühnen Träume Karls des Großen und Ludwigs I. von Bayern Wirklichkeit: Der Main-Donau-Kanal zwischen Bamberg und Kelheim war fertiggestellt, und eine gut 3500 km lange Strecke zwischen Nordsee und Schwarzem Meer steht nun der Binnenschifffahrt offen.

Der im Mittelalter begonnene Bau des Kanals war bereits eine beachtliche technische Leistung, kam aber nicht zum Abschluss. Für den 1846 mit Pomp eröffneten Ludwigskanal (100 Schleusen, 177 km lang) wirkte sich die zunehmende Konkurrenz der Eisenbahnen recht negativ aus. 1922 wurde der Kanalbau erneut in Angriff genommen, 1972 war die Strecke Bamberg–Nürnberg schiffbar, und 1992 wurde das letzte Teilstück bis Kelheim voll-

Main-Donau-Kanal
TSCHECHISCHE REPUBLIK
PRAG
DEUTSCHLAND
ÖSTERREICH
ZEICHENERKLÄRUNG
Autobahn
Hauptstraße
Sonstige Straße
Eisenbahnlinie
Staatsgrenze
Internat. Flughafen
Burg, Schloss
Burgruine
Kirche
Schweinfurt
Hassfurt
Main
Veitshöchheim
Würzburg
Volkach
Randersacker
Kitzingen
Ochsenfurt
Schloss Pommersfelden
Bamberg
Schloss Eremitage
Bayreuth
Roter Main
Weißer Main
Forchheim
Erlangen
Main-Donau-Kanal
Fürth
Nürnberg
Pegnitz
Tauber
Rothenburg ob der Tauber
Neumarkt
Amberg
Weiden
Plzeň
Schwandorf
Regen
Cham
Hilpoltstein
Berching
Weißenburg
Wörnitz
Altmühl
Kanal
Riedenburg
Regensburg
Walhalla
Regen
Straubing
Kelheim
Donaudurchbruch
Weltenburg
Deggendorf
Český Krumlov
Plattling
Ilz
Aalen
Donau
Neuburg an der Donau
Ingolstadt
Donauwörth
Passau
Dillingen
Isar
Vils
Vilshofen
Schloss Ortenburg
Ulm
Günzburg
Neu-Ulm
Stuttgart
Augsburg
Landshut
Mühldorf
Inn
Linz
Lech
München
Braunau
Leonding
Wels
Steyr
Illertissen
Vaterstetten
Salzach
Landsberg
Starnberg
Starnberger See
Memmingen
Kaufbeuren
Weilheim
Rosenheim
Chiemsee
Salzburg
Attersee
Traunsee
Gmunden

endet. Das Resultat ist rund 171 km lang, besitzt 16 Schleusen und erreicht bei Hilpoltstein mit 406 m den höchsten Punkt des europäischen Wasserstraßennetzes. Die Bedeutung des Kanals für Wirtschaft und Verkehr ist nicht zu unterschätzen: Im Jahr 2000 etwa wurden zwischen Bamberg und Kelheim 8,5 Mio. Tonnen Güter befördert. Neben all den technischen Errungenschaften ist eine Fahrt auf Main und Donau ein landschaftliches Erlebnis und eine Gelegenheit, Brauchtum und Kultur Frankens und Bayerns kennenzulernen.

Bamberg

25 km oberhalb von Hassfurt erreicht der Main den km 0 des Main-Donau-Kanals. Darauf sind es nur 5 km zum Bischofssitz Bamberg. Die Altstadt ist von Werken des Bildhauers Riemenschneider und der Architektenfamilie Dientzenhofer geprägt. Am **Dom** lässt sich gut der Übergang von der Romanik zur Gotik verfolgen; der Innenraum birgt das Grabmal Kaiser Heinrichs II. und seiner Gattin, ein Werk Riemenschneiders. Sehr elegant ist die gotische Sandsteinskulptur des »Bamberger Reiters«.

Am Domplatz stehen die spätgotischen Wohnbauten der **Alten Hofhaltung** (heute Historisches Museum, Mai–Oktober geöffnet). In der **Neuen Residenz**, einem frühbarocken Bau von J. L. Dientzenhofer, kann man im ersten Stock Gemälde deutscher Meister, im zweiten herrschaftliche Gemächer mit alten Möbeln und Gobelins bewundern. Vom Rosengarten bietet sich ein schöner Blick auf die Altstadt und die **Benediktinerabtei St. Michael**.

Auf einer Insel im Fluss Regnitz, der einst den Burgbezirk vom bürgerlichen Viertel trennte, steht das mit Fresken aus dem 18. Jh. verzierte **Alte Rathaus**, darinnen kostbare Porzellanobjekte der Sammlung Ludwig. Am rechten Ufer der Regnitz breitet sich der malerische Fischerbezirk **Klein-Venedig** aus. Ende August wird in der Altstadt eine fröhliche Kirchweih abgehalten.

Bayreuth

Die am Roten Main gelegene Bezirkshauptstadt Oberfranken ist in erster Linie für ihre alljährlichen Richard-Wagner-Festspiele bekannt, die der Komponist 1876 selbst eröffnete. **Haus Wahnfried**, das Wohnhaus Wagners, ist heute ein Museum, das zurzeit erweitert und 2014 (1 Jahr nach Wagners 200. Geburtstag) wiedereröffnet wird. Richard und seine Gattin Cosima (eine Tochter Franz Liszts) sind im Garten begraben. In Bayreuths Altstadt sind schöne Barock- und Rokokobauten zu sehen, darunter das **Markgräfliche Opernhaus**, eines der prachtvollsten erhaltenen Barocktheater Europas (wird ab Ende 2012 für ca. 4 Jahre restauriert), und das 1753–55 erbaute **Neue Schloss**.

Nürnberg

Nürnberg (bei km 67) ist eine eindrucksvolle Stadt, die mit Stolz auf ihre lange, traditionsreiche Geschichte zurückblicken kann. Sie war bereits im Mittelalter ein kulturelles Zentrum und später Brennpunkt der Renaissancekunst nördlich der Alpen; daneben nahm sie in Deutschland stets eine führende Stellung in Industrie und Handel ein. Heute beherrscht sie mit einer halben Million Einwohnern die nordbayerische Region Franken.

Zwar hat der Ruf Nürnbergs als Ort der Reichsparteitage der Nationalsozialisten sowie später der Kriegsverbrecherprozesse (1945–49) etwas gelitten, doch diese finstern Jahre werden überstrahlt vom Ruhm der Stadt als Heimat herausragender Männer: der Dichter Hans Sachs (1494–1576), bedeutendster Vertreter des Meistersangs; Albrecht Dürer (1471–1528), der größte deutsche Maler; die Handwerksmeister, die Taschenuhr, Klarinette und geniale mechanische Spielzeuge erfanden; und die Erbauer von Deutschlands erster Eisenbahnstrecke nach dem 6 km entfernten Fürth – sie alle sind Kinder der einstigen Reichsstadt. Die Spielwarenindustrie blüht nach wie vor; heute stellt Nürnberg elektrotechnische Produkte, Eisenbahn- und Lastwagen, Traktoren und Motorräder her, die zu den besten Europas zählen, aber auch Nähmaschinen und Bleistifte.

Nach den verheerenden Bombenangriffen im Zweiten Weltkrieg wurde die Stadt an der Pegnitz wieder neu aufgebaut, die restaurierten historischen Bauten haben ihre Patina zurückgewonnen. Die wieder belebte Handwerkstradition wird im Februar durch eine Spielwaren- und im November durch eine Erfindermesse gewürdigt. Die imposante **Burg** ruft imperialen Glanz wach. Kirchen und Museen haben die wertvollsten Kunstschätze der Stadt bewahrt, und der Stolz des Ortes gilt dem gotischen **Haus**, das **Albrecht Dürer** im 16. Jh. bewohnte. Dauer- und Wechselausstellungen geben Einblick in Leben und Werk des Künstlers.

Manche alte Gebäude wurden in reizvolle Restaurants umgewandelt, wo man Nürnbergs schmackhafte Küche genießen kann, darunter die berühmten Bratwürste, die mit weißem Frankenwein besonders gut munden.

Berching

Die kleine bayrische Stadt Berching (km 121) zeigt sich dem Besucher in mittelalterlichem Gewand. Die Festungsmauern (um

1450) samt 13 Türmen und vier Toren sind intakt und teilweise begehbar.

Riedenburg

Der heutige Luftkurort Riedenburg (km 152) an der Altmühl stieg im Schutze dreier Burgen im 13. Jh. zu einer Marktstadt auf. Das **Altmühltal** ist bei Naturliebhabern, Wanderern, Kanu- und Radfahrern gleichermaßen beliebt. Der Jagdfalkenhof auf **Schloss Rosenburg** (1112) veranstaltet täglich (außer Mo) Darbietungen mit großen Raubvögeln; das Kristallmuseum zeigt eine reich bestückte Mineralienausstellung.

Kelheim

Bei Kelheim (km 168 des Main-Donau-Kanals, km 2414 der Donau) fließt die Altmühl in die Donau, und hier endet der Main-Donau-Kanal. Die um 1200 gegründete Stadt besitzt noch Reste ihrer Festungsmauern und Stadttore. Sehenswert sind die Fassaden der barocken Bürgerhäuser und die gotische Pfarrkirche. Westlich von Kelheim thront auf dem Michelsberg die 45 m hohe **Befreiungshalle**, die König Ludwig I. von Bayern zur Erinnerung an die Freiheitskriege gegen Napoleon errichten ließ.

Weltenburg

Am Donaudurchbruch durch die Fränkische Alb – eine spektakuläre Szenerie – steht das Benediktinerkloster Weltenburg (km 2419); hier soll im 7. Jh. die Christianisierung Bayerns ihren Anfang genommen haben. Die Klosterkirche, ein Glanzstück bayrischen Spätbarocks, wurde 1717–21 von den Gebrüdern Asam geschaffen, die vor allem in Süddeutschland, aber auch in Böhmen und Schlesien wirkten. Weltliche Genüsse verspricht ein Bier aus der klostereigenen Brauerei.

Regensburg

Regensburg (km 2380) hat, wie Bamberg, den Krieg unversehrt überstanden und zeigt sich dem Besucher in seiner ganzen historischen Pracht. Die Stadt geht auf die Römer zurück; aus diesen Tagen stammen die im Bischofshof vermauerten Reste der mächtigen **Porta Praetoria**. Im 8. Jh. wurde das Bistum gegründet, seit dieser Zeit hielt man Reichs- und Fürstentage ab. Ihre Blüte erlebte die Stadt im Mittelalter; vom Wohlstand der Händler künden noch heute ihre stattlichen Häuser. Die **Steinerne Brücke** aus dem 12. Jh. (die älteste erhaltene Brücke in Deutschland) verbindet den Hauptteil der Stadt mit dem gegenüberliegenden Donauufer.

Das schöne alte Stadtbild beherrscht der prachtvolle **Petersdom** mit zwei 105 m hohen Türmen, das Glanzstück der Gotik in Bayern. In seinem Innern sind zahlreiche Kunstschätze zu sehen. Die **Kirche St. Emmeram** geht auf das 8. Jh. zurück, verdankt ihr prunkvolles barockes Inneres aber den Brüdern Asam.

Der schönste Profanbau der Stadt ist hingegen das Alte Rathaus. Regensburg ist nicht nur eine Stadt der Musik und Kultur, sie hält auch die bayrische Küche in Ehren; die **Historische Wurstküche** soll gar das älteste Restaurant Deutschlands sein!

Ein paar Kilometer flussabwärts ragt eine gewaltige Nachbildung des Parthenons in Athen über der Donau auf: die **Walhalla**, ein für Ludwig I. von Bayern erbauter weißer Marmortempel mit Büsten berühmter Deutscher. 358 Marmorstufen führen von der Anlegestelle hinauf.

Straubing

Straubing (km 2320) liegt im fruchtbaren Dungau (Gäuboden), dem Herzen der bayrischen Kornkammer. Jedes Jahr im August findet hier ein elftägiges, ausgelassenes Volksfest statt.

Die Altstadt bietet ein malerisches Bild: Auf dem Hauptplatz steht der **Stadtturm** aus dem 14. Jh. mit fünf Spitztürmchen. Am Theresien- und Ludwigsplatz sind elegante **Patrizierhäuser** zu sehen. Eine der schönsten Kirchen ist die von den Brüdern Asam gestaltete **Ursulinenkirche**. Etwas außerhalb der Stadt findet man das älteste Gotteshaus Straubings, die **Peterskirche** (um 1180). Eine der **Friedhofskapellen** erinnert an Agnes Bernauer. Die Augsburger

Die Dreiflüssestadt Passau liegt am Zusammenfluss des grünen Inns, der blauen Donau und der schwarzen Ilz.

Baderstochter hatte sich in Herzog Albrecht III. von Bayern verliebt, und die beiden heirateten heimlich. Als Albrechts Vater dies erfuhr, ließ er das Mädchen festnehmen und 1435 als Hexe in der Donau ertränken.

Passau

Von der »Dreiflüssestadt« Passau (km 2226) ist es nur ein Katzensprung bis nach Österreich. Schon im Mittelalter war Passau dank dem Handel mit Wein, Getreide und Salz ein sehr wohlhabender Ort, bis ins 15. Jh. gehörte selbst Wien zum Einflussbereich des Bistums.

Von der **Veste Oberhaus**, deren Museum die Zeit mittelalterlicher Burgen lebendig werden lässt, blickt man auf die Schiffsanleger direkt neben der Altstadt.

Am Residenzplatz erhebt sich der gotische **Stephansdom**, der die größte Kirchenorgel Europas sein Eigen nennt. Sehenswert sind auch die Fassade des spätgotischen **Rathauses** und die böhmischen Gläser im **Glasmuseum**.

Zu den sommerlichen Festwochen strömen Theater- und Musikliebhaber aus ganz Europa nach Passau.

Huber/Schmid

Die einzige nie zerstörte Burg in der Eifel, Burg Eltz, ist seit 33 Generationen und mehr als 800 Jahren im Besitz derselben Familie.

Huber/Schmid

DIE MOSEL

Von der Grenze Luxemburgs westlich von Trier strömt der deutsche Teil der Mosel durch ein reizendes Tal bis Koblenz, wo diese in den Rhein mündet. Diese Strecke misst 242 der insgesamt 545 km Länge des Flusses, der in den Vogesen im Nordosten Frankreichs entspringt. Weinberge und bewaldete Hügel des windungsreichen Moseltals machen eine Flusskreuzfahrt zum Vergnügen.

Der Moselwein ist für das ganze Tal tonangebend und wird in fast jedem Dörfchen, wo Sie haltmachen, mit einem Fest, Weinproben und einem Museum geehrt. Namen wie Piesport, Bernkastel-Kues und Cochem lassen die Herzen der Kenner höherschlagen. Der hiesige Wein verdankt sein berühmtes Bukett der Tatsache, dass die oft an steilen Hängen wachsenden Reben besonders starker Sonnenbestrahlung ausgesetzt sind – und das in einem der nördlichsten Weinanbaugebiete Europas. Doch auch Abstinenzler kommen an der Mosel dank der herzhaften Küche, Obst und Fruchtsäften aus heimischen Gärten nicht zu kurz.

Entlang der Mosel

Das Moseltal erlebte eine Blüte während der Römerzeit – Trier war 293–395 Sitz römischer Kaiser –, aber die vornehmen Überreste der Burgen am Ufer der Mosel beweisen, dass sie auch im Mittelalter von strategischer Bedeutung war – für die Raubritter ebenso wie für die oft habgierigen Erzbischöfe von Trier.

Die Flusskilometer zählt man ab der Mündung in Koblenz; 17 Kraftwerke speist der Fluss, 14 Schleusen verhelfen zu Pausen während der schönen Moselfahrt.

Winningen

Der von ausgedehnten Weinbergen umgebene kleine Ort Winningen (km 12) feiert jedes Jahr von Ende August bis Anfang September das älteste Winzerfest Deutschlands, bei dem aus dem Stadtbrunnen Wein fließt statt Wasser. Winningen gilt auch als Heimat der legendären Weinhexe. Tatsächlich wurden während des Dreißigjährigen Krieges auf dem Hexenhügel Winningens 21 Frauen und Männer verbrannt, die man des Bundes mit dem Teufel verdächtigte. Eindrucksvoll schwingt sich bei km 13 die Autobahnbrücke Winningen gut 125 m hoch über das Moseltal.

Alken

Alken (km 24), das im Mittelalter ein blühendes Handelszentrum war, hat aus jener Zeit einige Gebäude und Reste der Stadtmauer bewahrt. Über dem Ort thront die **Burg Thurandt**, die 1200 entstand und mehrmals erneuert wurde. Ein Stück weiter erhebt sich bei Brodenbach (km 27) im Taleinschnitt südlich der Mosel die auf das 12. Jh. zurückgehende **Ehrenburg**.

Burg Eltz

Dies großartige, romantisch im Wald versteckte Prachtstück einer deutschen Burg ist von der Mosel aus leider nicht sichtbar. Auf der Höhe des winzigen Weinorts **Moselkern** (km 34) mündet der Eltzbach; über kleine Straßen, am besten aber wandernd, erreicht man die nie zerstörte Burg im Hinterland der Mosel. Das immer noch im Besitz der Familie Eltz befindliche Gebäudeensemble des 12.–16. Jh. ist ein wahres Potpourri. Das Erbstück wurde nämlich zwischen den vier Söhnen aufgeteilt, von denen jeder seinen eigenen Flügel mit Giebeln, Türmen, Kegeldächern, Sandstein- und Fachwerkmauern anbaute. Im 13. Jh. wurde Erzbischof Balduin von Trier die Burg dann zu bedrohlich, und er baute sich – vergeblich – seine eigene, die Trutz-Eltz, heute eine Ruine.

Treis-Karden

Die kleine Gemeinde Treis-Karden überrascht mit der imposanten weißen Stiftskirche St. Kastor (12./13. Jh.), die von der Bedeutung des vom Erzbischof von Trier gegründeten Ortsteils Karden (km 40, linkes Ufer) zeugt.

Cochem

Eine der malerischsten Städte im Moseltal und gleichzeitig ein sehr beliebter Ort für Weinproben ist Cochem, km 51. Den Mittelpunkt bildet der Marktplatz mit dem barocken Rathaus und blumengeschmückten Fachwerkhäusern. Über der Stadt thront auf einem bewaldeten Hügel die mittelalterliche, von den Franzosen im 17. Jh. zerstörte und im 19. Jh. sorgfältig restaurierte **Reichsburg**.

Einen noch besseren Ausblick haben Besucher vom Pinnerkreuz nördlich der Stadt: Ein Sessellift führt dort hinauf und oben spaziert man in 15 Min. zum **Wild- und Freizeitpark Klotten**. An der Mosel findet im Sommer ein spektakuläres Feuerwerk statt, zur Erinnerung an das Feuer, das die Franzosen 1689 hier entfachten.

Stadtkyll
Nürburg
Mendig
Mayen
258
Koblenz
Bad Ems
Eifel
51
410
Kelberg
Winningen
Niederfell
Lahnstein
Gerolstein
Dockweiler
1
Kaisersesch
Burg Eltz
Alken
Boppard
Marksburg
Rhein
Scharteberg 691 m
Daun
Ulmen
Moselkern
Ruine Ehrenburg
Mürlenbach
Dauner Maare
Steineberger Ley 561 m
259
-Karden
49
Treis-
Mosel
Loreley
Meisburg
Vulkaneifel
Cochem
Reichsburg
Emmelshausen
St. Goar
Mander-scheid
Bremm
Beilstein
Calmont
60
257
Lieser
Alf
Senheim
61
Bullay
Kastellaun
Oberwesel
48
Ruine Marienburg
Zell
327
Schwarzenborn
Pünderich
Kappel
Rheinböllen
49
50
Kröv
Wittlich
53
Enkirch
Simmern
Bitburg
N
Zeltingen-Rachtig
Traben-Trarbach
50
Kyll
50
Ellerspring 658 m
Kirchberg
51
Piesport
Bernkastel-Kues
421
Mosel
Hunsrück
Welschbillig
Wintrich
Rhaunen
Gemünden
Klüsserath
0
10 km
Schweich
53
Morbach
Echternach
Mehring
Trittenheim
Usarkopf 724 m
Simmertal
Mosel
48
Porta Nigra
Kirn
41
Trier
Thalfang
Bad Sobernheim
1
Erbeskopf 816 m
Idar-
Nahe
Konz
Meisenheim
Wiltingen
269
-Oberstein
Hermeskeil
Saarburg
407
Schwarzwälder
Birkenfeld
270
Lauterecken
Zerf
Nonnweiler
Baumholder
Serrig
Saarfels
Burg Lichtenberg
420
Glan
Teufelskopf 695 m
Hochwald
Nohfelden
62
Rathsweiler
Burg Freudenberg
Losheim
Wadern
41
Freisen
Kusel
Saar
268
Prims
Weißelberg 571 m
Mettlach
Tholey
Nordpfälzer Bergland
51
269
Merzig
St. Wendel
Kaiserslautern
620
1
Beckingen
Ottweiler
-Miesau
Rehlingen-Siersburg
Lebach
Landstuhl
Neunkirchen
6
Saarlouis
8
Bruchmühlbach-
Friedrichsthal
62
270
Schwalbach
Homburg
St. Ingbert
Sulzbach
Wadgassen
Zweibrücken
Völklingen
Blieskastel
Waldfischbach-Burgalben
FRANKREICH
Saarbrücken
8
Forbach
Pirmasens
51
Hornbach
4

DIE MOSELWEINE

Es ist in erster Linie die Rieslingtraube, die den Moselweinen ihr unvergleichliches Bukett verleiht. Der Riesling ist die edelste der einheimischen Traubensorten und wird auch im Rheintal, im Elsass und in Südtirol geschätzt. Die Traube ist klein, braucht viel Sonne und einen perfekten Boden. Das Moseltal erfüllt beide Bedingungen. Das typische Aroma ist zart und erlesen; Kenner entdecken Geschmacksnoten von Limone, Akazie, Orangenblüten und einen Hauch Zimt; es handelt sich im Allgemeinen um einen trockenen Weißwein. Die deutschen Weinberge der Mosel beginnen bei Koblenz und erstrecken sich bei Trier südlich in die Nebentäler von Saar und Ruwer. Die edelsten Tropfen stammen aus der »Mittelmosel«, dem Gebiet von Trittenheim bis Traben-Trarbach. Die berühmtesten Winzerorte an bester Sonnenlage sind Piesport, Bernkastel, Graach und Zeltingen. Moselweine werden in grüne Flaschen abgefüllt, im Unterschied zu den für Rheinweine verwendeten braunen. Auf dem Etikett findet man Hinweise auf Geschmack und Qualität. Kabinett bedeutet leicht und trocken; Spätlese verspricht einen sanfteren, vollmundigeren Geschmack. Auslese bietet einen reichhaltigeren Genuss, und die Trockenbeerenauslese ergibt einen fast likörartigen Wein.

Bildagentur Huber

Beilstein

Ein Schmuckstück in einem engen Taleinschnitt ist das 160-Seelen-Dorf Beilstein (km 61), das mit seinen hübschen Fachwerkhäusern aus dem 16. Jh. schon öfter als Filmkulisse diente. Die Familie des in Koblenz geborenen, späteren österreichischen Kanzlers Metternich war Besitzerin der Burg, als französische Streitkräfte den Bau 1689 bis auf einen fünfeckigen Glockenturm und einen Torbogen in Schutt und Asche legten.

Am Calmont

Etwa da, wo die Eisenbahn aus Cochem den Kaiser-Wilhelm-Tunnel südwärts verlässt, liegt am 367 m hohen Calmont (km 75) Europas steilster Weinberg: Bis zu 68 Grad Steigung haben die Hänge – eine wahre Herausforderung für die Winzer.

Zell

In eine Flussbiegung schmiegt sich Zell (km 88), das noch heute von mittelalterlichen Festungsmauern geschützt ist. Das Kurfürstliche Schloss aus dem 16. Jh. ist jetzt ein elegantes Hotel. In der im 18. Jh. wiedererrichteten Pfarrkirche wurde aus dem ursprünglichen gotischen Bau ein zierliches Holzbild der Gottesmutter bewahrt, das Werk eines Kölner Künstlers. Berühmtester Wein des Ortes: »Zeller Schwarze Katz«.

istockphoto.com/Rippel

Glasfenster in der Reichsburg mehr als 100 m hoch über Cochem.

Marienburg

Auf der Zeller Hamm steht an der nur 300 m schmalen Stelle zwischen zwei Flussmäandern (km 83 und 94) die Ruine des Klosters Marienburg (km 94), wo sich schöne Blicke auf beide Moselschleifen bieten. Im 16. Jh. hob der Erzbischof von Trier das Kloster wegen des unziemlichen Verhaltens der Nonnen auf. Im Dreißigjährigen Krieg verwüsteten dann schwedische, bayrische und französische Truppen den Bau, 1792 gab ihm die französische Revolutionsarmee den Rest.

Nikolaus Cusanus (1401–1464). Der Sohn eines Moselfischers ging als Philosoph und Staatsmann in die Geschichte ein. Er nannte sich nach seinem Geburtsort Nikolaus von Kues oder Cusanus. 1448 ernannten ihn seine päpstlichen Vorgesetzten wegen seiner diplomatischen Fähigkeiten und seiner Ideen zur Reform des Klerus zum Kardinal. Nikolaus Cusanus wartete nicht auf Kolumbus' Entdeckungsfahrten und die Erkenntnisse von Kopernikus und Galileo Galilei, um festzustellen, dass die Erde rund ist und sich um die Sonne dreht.

Traben-Trarbach

Nach einigen weiteren Flussschleifen gelangen Sie nach Traben-Trarbach (km 107), einer Doppelstadt, deren Teile mit einer Brücke verbunden sind. Sehr eindrucksvoll ist das Trarbacher Brückentor. Am Südufer (in Trarbach) ist die Ruine der Grevenburg sehenswert, während Traben am Nordufer mit schönen Fachwerkhäusern aus dem 18. Jh. und Jugendstilbauten vom Ende des 19. Jh. aufwartet.

Bernkastel-Kues

Eine Brücke bei Stromkilometer 129 verbindet auch Bernkastel und Kues, die gemeinsam einen Winzerort bilden. Im Süden des Bernkasteler Zentrums (rechtes Ufer) erhebt sich drohend die Ruine der Burg Landshut.

Die Winzergemeinschaft von Bernkastel-Kues verfügt über die größten zusammenhängenden Weinberge in Deutschland – die Reben gedeihen in nördlicher Richtung bis nach Graach und Zeltingen. Der berühmteste Tropfen ist der »Bernkasteler Doktor«.

An der Römerstraße gibt es prächtige Fachwerkbauten zu bewundern. Wenn Ihnen einige Gaststätten allzu kitschig erscheinen, wenden Sie sich den Weinkellern zu. Der **Markt** in Bernkastel ist der beliebte Mittelpunkt des städtischen Alltags. Beachten Sie den alten Pranger mit der Eisenkette, der noch immer die Nordwestecke des Platzes einnimmt. Das schöne **Rathaus** im Renaissance-Stil überblickt den achteckigen Marktbrunnen (1606), den der Stadtheilige Michael ziert. Ein eigenartiger Fachwerkbau unweit des Marktplatzes ist das kopflastige **Spitzhäuschen** von 1583, heute eine Weinstube.

Am anderen Flussufer, in Kues, befindet sich das Geburtshaus des Humanisten und Gelehrten des Spätmittelalters Nicolaus Cusanus, das **Haus zum Krebs**, und das von ihm im 15. Jh. gegründete **Cusanusstift** (auch St.-Nikolaus-Hospital). Sein Herz wird in der gotischen Kapelle aufbewahrt. In der Bibliothek sind astronomische Instrumente und Erinnerungsstücke zu sehen.

Das Weinmuseum **Mosel Vinothek** an der Cusanusstraße 2 dokumentiert die Geschichte der Winzer des Moselgebiets mit Geräten, Gläsern und Flaschen – und einem Raum für Kostproben.

Piesport

Das Dörfchen Piesport (km 148), ursprünglich eine keltische Siedlung und unter den Römern als »Porta pigentio« ein Ort mit bedeutenden Weinkeltern, verdankt seinen Ruf dem Piesporter Goldtröpfchen, einem Wein, der als einer der besten Deutschlands gilt.

Vor oder nach der Weinprobe können Sie das überschwänglich ausgeschmückte Rokoko-Innere der **Pfarrkirche** (1776 vom Trierer Künstler Johannes Peter Weber ausgemalt) bewundern. Die Deckengemälde stellen Mariä Himmelfahrt, den Fall der Engel und den Jesuitenmissionar Franz Xaver dar, der den Indern predigt.

Im schön inmitten der Rebberge gelegenen alten Städtchen **Trittenheim** (km 157) gibt es eine große Pfarrkirche (1790) und die hoch über der Mosel stehende Laurentiuskapelle zu besichtigen.

Trier

In ihrer behaglichen Lage in der flachen Moselbucht hat diese zum UNESCO-Welterbe zählende Stadt etwas Mediterranes an sich. Trier begnügt sich nicht damit, Deutschlands älteste Stadt zu sein, sondern möchte selbst Rom übertrumpfen. Auf einem Haus am Marktplatz ist die Inschrift *Ante Romam Treveris stetit annis mille trecentis* (»Trier stand 1300 Jahre vor Rom«) zu lesen. Eine Vorläuferin der **Römerbrücke** über die Mosel (km 193) gab es 16 v. Chr. Die heutige Brücke vereint Bogen aus dem 18. mit Pfeilern aus dem 2. Jh.

Die weströmischen Kaiser – zwischen dem 3. und 4. Jh. n. Chr. waren es insgesamt sechs – hielten sich gerne in Trier auf. Bevor er zum Christentum übertrat, verbrachte Konstantin der Große seine ersten Regierungsjahre hier. Schon damals zählte die Stadt stolze 80 000 Einwohner, dreimal so viele wie Köln und nur 25 000 weniger als heute. Seit hier 314 Deutschlands erster Bischof eingesetzt wurde, ist Trier eine Hochburg des Katholizismus und wich der protestantischen Bewegung, die im 16. Jh. das Land erfasste, keinen Fingerbreit.

Die von über 350 ha Rebbergen umgebene Stadt bildet das blühende Zentrum des Weinhandels im Moselgebiet. Das weltoffene Trier organisiert Kongresse in der modernen Europahalle. Die über 15 000 Studenten der Universität bringen zusätzlich Leben und Stimmung in die Stadt.

Porta Nigra

Die Spuren der Römerzeit sind in Trier noch gut sichtbar, da sich der Grundriss in 2000 Jahren kaum verändert hat. Das Zentrum betritt man noch immer durch die gewaltige Porta Nigra (Schwarzes Tor) aus dem 2. Jh. Am Nordrand der Stadt, an der Straße zum Rhein, war das Tor ein Bollwerk gegen die germanischen Horden, die immer wieder dagegen anstürmten. Seine Sandsteinblöcke waren durch Eisenklammern (nicht Mörtel!) zusammengehalten. Bei einem Blick auf das Fundament sieht man unter der schwarzen Schicht, die dem Tor seinen Namen verlieh, die frühere blassrosa Farbe durchschimmern.

Ein Erzbischof von Trier wandelte einen Teil des Bauwerks in eine romanische Kirche um. Das **Simeonstift** ehrt den griechischen Einsiedler Simeon aus Syrakus, der 1028 nach einer Pilgerfahrt ins Heilige Land den Erzbischof nach Trier begleitete und sich in einer Mönchszelle im Nordturm der Porta Nigra einschloss, um dort zu sterben. Das prächtige Stift birgt heute das Fremdenverkehrsbüro und das **Städtische Museum**. Die Bogengänge sind aus weißem Kalk- und rotem Sandstein. Das Museum besitzt eine bedeutende Sammlung religiöser Skulpturen und Klostermobiliar sowie eine bis in die Gegenwart reichende Kunstsammlung. 2007 ist das Museum nach Umbau und Renovierung wieder eröffnet worden.

Dreikönigenhaus

Wer Richtung Süden die Simeonstraße entlanggeht, stößt linkerhand (Nr. 19) auf das anmutige, schön renovierte Dreikönigenhaus aus dem 13. Jh. Ursprünglich befand sich der Eingang des romanischen Wohnturms im ersten Stock; man gelangte über eine einziehbare Treppe hinauf.

Hauptmarkt

Der Hauptmarkt ist das eigentliche Herz der Stadt. Fröhliche Verkäufer scharen sich um den **Petrusbrunnen** (1595), der die Kardinaltugenden Weisheit, Gerechtigkeit, Besonnenheit und Tapferkeit darstellt. Die Renaissance- und Barockgebäude rund um den Platz – im Krieg zerstört, später aber wieder aufgebaut – sind sprechende Beispiele dieser Tugenden. Die Südseite des Platzes beherrscht der stämmige Turm der gotischen **Pfarrkirche St. Gangolf** (15. Jh.), die man durch einen zierlichen weißen barocken Bogengang betritt.

Dom

Der Dom von Trier – Deutschlands frühester bekannter Kirchenbau – ist ein mächtiges romanisches Werk. Seine Kalksteinkonstruktion stammt aus dem 11. Jh., doch Teile des Mauerwerks aus rötlichem Sandstein gehen auf das 4. Jh. zurück. Im Innern sind an der Südseite die Kanzel (1572) und der Allerheiligenaltar (1614) zu bewundern, Werke von Hans Ruprecht Hoffmann, der auch den Petrusbrunnen schuf.

Unmittelbar neben dem Dom prangt die gotische **Liebfrauenkirche** (13. Jh.). Ihr Grundriss entspricht einem griechischen Kreuz. Gemeinsam mit den Seitenkapellen ergibt sich die Form einer zwölfblättrigen Rose, das Symbol der Jungfrau Maria. Das Innere ist von erhabener Schönheit.

Am Palastgarten

Die Bauwerke rund um die längliche Grünfläche südöstlich des Zentrums bieten Zeugnisse der Römerzeit und der kurfürstlichen Epoche: Die **Konstantin-Basilika** oder Palastaula, heute als protestantische Kirche genutzt, ist der Versuch einer Rekonstruktion (1956) von Kaiser Konstantins Thronsaal von 310.

Das **Kurfürstliche Palais** nebenan ist ein Juwel des Rokokos und wurde vom Balthasar-Neumann-

Tourist-Information Trier

istockphoto.com/Logan

Der Hauptmarkt von Trier mit dem Petrusbrunnen und prächtigen Bauten aus dem Renaissance- und Barockzeitalter. | Das rosafarbene Kurfürstliche Palais im hübschen Palastgarten.

Schüler Johannes Seiz errichtet. Die **Kaiserthermen** im Süden des Parks stammen aus dem frühen 4. Jh. Das Heißwasserbad (Caldarium) am Ostende ist bemerkenswert gut erhalten. Zu den luxuriösen Einrichtungen gehörten auch ein Warmluftbad (Tepidarium) mit Kuppel und ein Kaltwasserbad (Frigidarium) mit fünf Becken, Umkleide- und Massageräume und ein Dampfbad. Es wird vermutet, dass die Anlage aber die längste Zeit der kaiserlich-römischen Leibgarde als Kaserne diente. 500 m entfernt unterhielt das Amphitheater bis zu 20 000 Personen.

Das **Rheinische Landesmuseum** (Weimarer Allee 1) gewährt einen guten Einblick in das Leben zur Römerzeit. Neben Wandgemälden, Mosaiken und Skulpturen ist das aus dem Moselort Neumagen stammende, aus Stein gemeißelte römische Weinschiff bemerkenswert, voll mit Fässern und mit einem grinsenden Matrosen, der aussieht, als hätte er zu tief ins Glas geguckt.

Karl-Marx-Haus

Von der Römerbrücke aus führt die Karl-Marx-Straße zur Brückenstraße 10, wo das Geburtshaus des berühmtesten Sohnes der Stadt steht. Das Karl-Marx-Haus besitzt eine faszinierende Sammlung von Erinnerungsstücken an den Vater des Kommunismus. Neben Briefen ist hier sein bekannter Text, *Das Kapital*, als Manuskript zu sehen. Zudem gibt es Fotografien des jungen Marx gemeinsam mit den großen Revolutionären seiner Zeit. Man wird feststellen, dass er in einem bürgerlichen Heim wohnte.

Stiftskirche St. Paulin

Nordöstlich der Porta Nigra steht die ehemalige Stiftskirche St. Paulin, eine der bedeutendsten Barockkirchen der Region. Das schlanke, elegante Bauwerk entwarf um 1730 der in Böhmen geborene Architekt Balthasar Neumann; die Deckengemälde schuf Thomas Scheffler.

Luxemburg

Zu manchen Kreuzfahrten gehört ein Ausflug in das Großherzogtum Luxemburg mit Weiterfahrt ins französische Metz. Das kleine Land umfasst 2586 km^2 und hat über eine halbe Million Einwohner.

Trotz seines idyllischen Aussehens ist die Geschichte Luxemburgs alles andere als märchenhaft: Immer wieder durchquerten feindliche Armeen das Land, das abwechselnd von Frankreich und den Habsburgern besetzt wurde. Trotz der langen Fremdherrschaft haben die Luxemburger ein starkes Nationalbewusstsein, das nicht zuletzt im Letzeburgischen (einem moselfränkischen Dialekt) zum Ausdruck kommt. Die Amtssprachen sind Deutsch, Französisch und Letzeburgisch.

Die Hauptstadt, Luxemburg (Luxembourg-Ville), steht auf einem steilen Felsufer, das sich hoch über den Tälern der Alzette und der Pétrusse erhebt. Seit römischer Zeit, als die Stadt am Schnittpunkt der Straßen von Paris nach Trier und von Metz nach Aachen stand, war ihre Bedeutung den europäischen Mächten wohl bewusst. Ihrer strategischen Lage wegen wurde sie von Römern, Hunnen, Franken, Burgundern, Franzosen, Deutschen, Spaniern und Österreichern erobert.

Luxemburg-Stadt

Heute unterscheidet sich die ca. 90 000 Einwohner zählende Hauptstadt mit ihren Vororten, Hochbauten aus Glas und Beton und mehr als 250 Banken in nichts von den übrigen modernen Metropolen Europas. Nähert man sich der Stadt jedoch von Osten her, fühlt man sich angesichts der mächtigen Festung hinter dicken Wehrmauern in eine andere Zeit zurückversetzt.

Graf Siegfried (Sigefroi) aus den Ardennen erbaute im 10. Jh. auf einer Anhöhe, dem Rocher du Bock, eine Burg. Heute sind davon nur noch Reste zu sehen. Die Stadtmauer wurde zweimal verstärkt und ausgebaut. 100 Jahre

istockphoto.com/Cardamone

Karl Marx (1818–83). Der große Philosoph des revolutionären Sozialismus war der Sohn eines zum Protestantismus konvertierten Juden. Er verließ seine Geburtsstadt Trier jung, um in Bonn und Berlin Recht zu studieren. In Jena wurde er Doktor der Philosophie. Seine radikalen Gedanken zur Gesellschafts- und Wirtschaftsordnung, die er in der Kölner *Rheinischen Zeitung* veröffentlichte, führten 1843 zur Schließung der Zeitungsredaktion. Im Pariser Exil entwickelte Marx seine Überzeugungen gemeinsam mit Friedrich Engels weiter. In Brüssel erschien im Revolutionsjahr 1848 das *Kommunistische Manifest*. Schließlich ließ sich Marx in London nieder, wo er die meiste Zeit in der Bibliothek des British Museum saß. Sein Grab liegt auf dem Londoner Friedhof Highgate, doch sein Herz blieb Deutschland treu. Er war bis an sein Lebensende überzeugt, dass die kommunistische Revolution dort triumphieren würde.

istockphoto.com/Guhl

istockphoto.com/Dutchy

Huber/Cogoli

nach Sigefroi entstanden 15 weitere Befestigungen, darunter die **Porte des Trois Tours** (Tor der Drei Türme) und die äußeren Wallmauern. Im 14. Jh. wurden drei weitere Befestigungen aus dem Felsen gehauen. Unter Ludwig XIV. entstand nach Plänen des großen Festungsbaumeisters Vauban die **Citadelle du Saint-Esprit**.

Bemerkenswert sind die **Kasematten**, ein 21 km langes Netzwerk unterirdischer Gänge, die 53 Befestigungen miteinander verbinden. In dieser von den Spaniern 1674 begonnenen und im 18. Jh. von den Österreichern ausgebauten Anlage fanden nicht nur Soldaten und Pferde Platz, sondern auch Werkstätten, Rüstkammern, Backstuben und Küchen. Der Besuch beginnt in der »archäologischen Krypta« an der Montée de Clausen; hier zeigt eine audiovisuelle Show die Geschichte der Kasematten.

Der **Chemin de la Corniche** – auch »schönster Balkon Europas« genannt – ist ein Spazierweg am Rand der Altstadt. Man folgt den Stadtmauern aus dem 17. Jh., vorbei an zahlreichen Toren und Kasernen, deren Mauern an man-

Alte Steinbrücke über die Alzette in Luxemburg-Stadt. | Die Flaggen der Europäischen Union wehen alle in dieselbe Richtung. | Alt und Neu beim Bockfelsen im Zentrum der Stadt Luxemburg.

chen Stellen bis zu 36 m hoch sind. Kleine Gärten voller Blumen liegen am Weg; man kann sich auf eine Bank setzen und den Blick über die Schlucht hinüber zu den modernen Vierteln genießen. Im Norden führt die **Charlotten-Brücke**, die sich in 280 m Höhe über die Alzette spannt, zum **Europazentrum** mit Gerichtshof und diversen Parlamentsgebäuden sowie zur skulpturalen Architektur (I.M.Pei, 2006) des **Musée d'Art Moderne Grand-Duc Jean (MUDAM)** mit Präsentationen der Kunst seit dem 20. Jh.

Die Altstadt von Luxemburg entstand westlich vom Bock-Felsen; ihr Kern befand sich am Schnittpunkt der Römerstraßen am Ende der Sigefroistraße, bei der Michaelskirche aus dem 17. Jh. Heute heißt dieses Quartier **Marché aux Poissons** (Fischmarkt). Mehrere Stadthäuser im Stil von Gotik, Renaissance und Barock beherbergen das **Nationalmuseum für Geschichte und Kunst**.

Um vom Fischmarkt zur Stadtresidenz des Großherzogs zu gelangen, können Sie durch die enge **Rue de la Loge** gehen. Hier sind an zahlreichen Bauten noch mittelalterliche Elemente zu erkennen. Das imposante **großherzögliche Palais** ist im Hauptflügel des ehemaligen Rathauses untergebracht, das im 16. Jh. erbaut wurde. Im 18. Jh. erweiterte man den Palast, und 1859 gliederte man ihm die Abgeordnetenkammer an. Führungen finden von Mitte Juli bis Ende August statt.

Gehen Sie die Rue du Marché aux Herbes südwärts entlang bis zur Rue du St-Esprit; hier steht das **Museum der Geschichte der Stadt Luxemburg** mit seiner gläsernen Fassade, in dem Besucher die architektonische, gesellschaftliche und kulturelle Entwicklung der Hauptstadt kennenlernen.

Anschließend können Sie die hübschen Einkaufsstraßen der Altstadt erkunden. Die **Place d'Armes** lädt mit ihren Terrassencafés zur Rast ein. Hier werden auch Freiluftkonzerte veranstaltet.

Vor dem **Stadtpalais Cercle Municipal** unterhalten Straßenkünstler die Passanten; drinnen ist Platz für exklusive Feierlichkeiten. An der benachbarten **Place Guillaume II** ist das städtische Fremdenverkehrsbüro untergebracht, wo Sie Karten und Broschüren holen und sich über Führungen, Ausflüge, Ausstellungen und andere Ereignisse informieren können.

Luxemburgische Winzerdörfer

Der bedeutendste Winzerort ist **Grevenmacher**; von hier führt eine Brücke über die Mosel (km 212) nach Deutschland. Es gibt geführte Ausflüge in die Moseldörfer **Remich** (km 233), **Wellenstein** (km 236) und **Schwebsange** (km 237) mit Besichtigung der Weinkeller und einer Bootsfahrt auf dem Fluss. Falls Sie beim Verkosten übertrieben haben, können Sie das in **Mondorf-les-Bains** gutmachen: Das Quellwasser dieses Kurorts soll bei Leberleiden und Verdauungsbeschwerden wahre Wunder wirken…

Berühmtheit erlangte 1985 das Weindorf **Schengen** (km 242), wo auf einem Ausflugsdampfer die Grundlagen für einen erleichterten Grenzverkehr in Europa vereinbart wurden; sogar Nichtmitglieder der EU, wie die Schweiz, traten inzwischen dem Schengener Abkommen bei.

Metz

Nachdem sie über die Jahrhunderte wiederholt unter Invasionen aus dem Osten gelitten hatte, kann die Hauptstadt Lothringens und des Département Moselle heute ihre Lage am Ufer der Mosel (km 296) genießen, die sich auf ihrem Weg durch die Stadt in mehrere Arme aufteilt. Metz wurde vor 3000 Jahren von gallischen Mediomatrikern gegründet, denen es seinen Namen verdankt.

Am südlichen Flussufer erhebt sich die elegante gotische **Stefanskathedrale** (Saint-Etienne, 12.–16. Jh.). Der hohe, weite Innenraum bezaubert durch seine Buntglasfenster, deren älteste aus dem Mittelalter stammen, während zu den neueren einige Werke von Marc Chagall zählen (darunter *Jakobs Traum* und *Abrahams Opfer*). Gegenüber dem Gotteshaus erhebt sich auf der Insel Petit Saulcy der neoromanische **Temple Neuf** von 1901–04.

Im **Musée de la Cour d'Or**, das in einem Kloster an der Rue du Haut-Poirier untergebracht ist, lässt sich die Geschichte von Metz bis in gallo-römische Zeit zurückverfolgen. Zur Austellung gehören auch schöne Beispiele religiöser Kunst aus dem Mittelalter und Gemälde von Delacroix, Corot, Vuillard und Picasso.

Die Altstadt liegt rund um die **Place St-Louis** mit ihren schönen Arkadenhäusern aus dem 14.–16. Jh. Die **Porte des Allemands** (Deutsches Tor) ist eine imposante Bastion, die letzte der mittelalterlichen Ringmauer. Der Rest der Stadtbefestigung wurde bei der jüngsten Eroberung der Stadt (1870) von den Preußen zerstört. Mehrere daraufhin erneuerte Bauten verdankt Metz dem Berliner Architekten Jürgen Kröger; besondere Beachtung verdient der neuromanische kathedralenartige Bahnhof von 1908.

Im Mai 2010 eröffnete südlich der Innenstadt das **Centre-Pompidou-Metz** des japanisch-französischen Architektenduos Shigeru Ban und Jean de Gastines. Die Zweigstelle des Pariser Museums mit ihrem kühn geschwungenen Glasfaserdach versteht sich als Zentrum für alle Formen moderner und zeitgenössischer Kunst.

Die Saar

Die Saar mündet bei Konz in die Mosel, hier beginnt für die Schifffahrt die Saar-Kilometerzählung bei 0. Auf der Strecke zwischen Saarburg (km 12) und Mettlach (km 31) ist dieser Nebenfluss nicht weniger romantisch als ihre große Schwester, die Mosel.

Saarburg ist eine wunderschöne mittelalterliche Ortschaft. Dicht gedrängt stehen die Häuser der Unterstadt am Flussufer; darüber ragt die trutzige Burg auf, die dem Städtchen seinen Namen gab. Im Zentrum steht die Pfarrkirche St. Laurentius mit zwei Türmen, die im Vergleich zum Schiff winzig wirken. Eine weitere Attraktion der Stadt ist das Museum der Glockengießerei, die von 1770 bis 2002 in Betrieb war.

Mettlach liegt an der weit ausladenden Saarschleife, einer der schönsten Stellen des Saarlands. Besichtigen Sie den Alten Turm aus dem 10. Jh. und das barocke Benediktinerkloster, in dem sich im 19. Jh. die Keramikfirma Villeroy & Boch niederließ. Das **Erlebniszentrum** gibt Einblick in die Geschichte dieser Porzellanmanufaktur von Weltruf.

istockphoto.com/Howe

istockphoto.com/van Beets

hemis.fr/Barbier

istockphoto.com/Klamm

Das Wintergoldhähnchen gilt as Nationalvogel des Großherzogtums. | Gut gefüllte Weinkeller in Luxemburg. | Alte Tracht aus der Region Lothringen in Frankreich. | Der Temple Neuf in Metz.

Dies- wie jenseits des Rheins beliebt: Sauerkraut reich garniert mit einem Glas Wein.

Huber/Schmid

ESSEN UND TRINKEN

Die Lebensfreude der Rheinländer kommt auch beim Essen zum Ausdruck, und die Portionen sind großzügig. Am liebsten trinkt man Bier; die heimischen Weine werden mit Andacht genossen.

Eine Basler Mehlsuppe mit Kräutern und Gewürzen ist herzhaft und sehr schmackhaft; sie empfiehlt sich besonders im Winter. Der Klöpfer ist Basels Variante geräucherter Cervelatwurst aus Schwein und Rind und eine der 400 verschiedenen Schweizer Wurstsorten, die in Salaten, Vorspeisen und Hauptgerichten auftauchen.

Aus den Schweizer Seen kommen köstliche Fische wie Forellen und Egli (Barsch). Köstliche Beilagen sind Rösti (ein Schweizer Nationalgericht), Salzkartoffeln und Spätzli, frisch zubereitete Teigwaren. An Süßigkeiten seien die Basler Leckerli und die mit Zuckerguss verzierte köstliche Kirschtorte erwähnt.

Straßburg kann sich der Erfindung des *pâté de foie gras* (Gänseleberpastete) rühmen, die sich im 18. Jh. ein junger Küchenchef ausdachte. Gans, als Schmorbraten mit Äpfeln (*oie braisée aux pommes*) oder einfach gebraten auf einem Bett aus Rot- oder Weißkohl, ist ein zarter Genuss.

Dies- und jenseits des Rheins beliebt ist *choucroute*, Sauerkraut. Straßburger Köche garen ihr Sauerkraut in Riesling mit Wacholderbeeren und fügen ein Glas Kirsch hinzu, bevor es mit Schinken, Wurst, Pökelfleisch und anderem garniert aufgetragen wird.

Ein elsässisches Gericht für Fischliebhaber ist *matelote*, das Gegenstück zur Marseiller Bouillabaisse; das Ragout aus Hecht, Aal, Flussbarsch, Schleie und Aalrutte (Trüsche) wird in einem großen Topf mit Riesling zubereitet. Der beste einheimische Käse ist der scharfe Munster. Und zum Nachtisch sind Obsttorten verführerisch: mit Zwetschgen (*quetsches*), Heidelbeeren (*myrtilles*) oder Mirabellen.

In Deutschland werden bei den Hauptgerichten – Suppen, Eintöpfe und Braten, Wurst und Sauerkraut, Schweinefleisch oder Fisch – häufig süße und saure Geschmacksrichtungen gemischt, und nicht selten findet man Obst und Gemüse auf einem Teller vereint.

Namen rheinischer Gerichte sind oft humorvoll. So nennt man in dem katholischen Kernland eine auf Apfelkompott und gekochten Kartoffeln angerichtete Blutwurst »Himmel und Erde«. Und die Kölner Spezialität aus Blutwurstscheiben und Zwiebeln heißt »Kölscher Kaviar«. Keine Witze macht man aber über den Sauerbraten – in Rotwein und -essig mit Zwiebeln und Rosinen geschmorten Rindsbraten. Dazu gehören Kartoffelklöße. Angenehme Folgeerscheinung der französischen Besetzung ist der *chaudeau*, ein Soufflé mit Sultaninen, Weißwein und Zimt; den *Worbelekoche* (Blaubeerkuchen) hingegen haben die Rheinländer ohne französisches Zutun erfunden.

In Frankfurt wird mit dem vielversprechenden Namen »Fressgasse« das Viertel der Wein- und Bierlokale bezeichnet, in denen einfache, heimische Kost serviert wird, an erster Stelle die berühmten Frankfurter Würstchen oder »Handkäs mit Musik« (gewürzter Sauermilchkäse). Andere lokale Spezialitäten sind Wildgerichte, v. a. Wildschwein und Hirsch, Rippchen mit Sauerkraut, Sauerbraten oder die von Goethe geschätzte grüne Sauce aus sieben Kräutern. Das landestypische Getränk ist *Ebbelwoi*, Apfelwein.

In der schmackhaften niederländischen Küche basieren die Hauptgerichte meist auf Fleisch. Leibspeise der Holländer scheint – neben Imbissen und Süßigkeiten – der Hering zu sein, der überall an Straßenständen erhältlich ist. Versuchen Sie auch *kroket*, panierte Fleischbällchen.

Wer exotische Speisen mag, kommt in den indonesischen Restaurants auf seine Kosten, die man in jeder Stadt findet. Zu den Höhepunkten gehört die *rijsttafel*, bestehend aus Reis oder Nudeln, wozu mehr als ein Dutzend verschiedener Gerichte aus Fleisch, Fisch und Gemüse sowie scharfe Sambal-Sauce gereicht werden.

Zum Nachtisch oder zwischendurch gibt es *pannekoek*, Pfannkuchen mit süßer Füllung, *poffertjes*, nahrhafte kleine Crêpes mit Puderzucker und einem Stück Butter, Sirup-Waffeln und *oliebollen*, eine Art Frucht-Donuts.

Holländisches Bier schmeckt immer. Zu den regionalen Spezialitäten gehört *witbieren* (Weißbier), mit Zitronenscheibe serviert und sehr erfrischend. *Jenever* ist eine Art Schnaps aus Malz, Roggen und Mais, der mit Wacholderbeeren und anderen Zutaten gewürzt wird. Man trinkt ihn aus winzigen Gläsern, es gibt ihn alt (*oude*) und jung (*jonge*).

Weine

Die Schweiz produziert gute, anderswo kaum bekannte Weine: Die Chasselas-Traube ergibt ungewohnte Weißweine, währenddem sich beim Rosé der Œil-de-Perdrix und bei den Rotweinen Dôle, Pinot Noir und der Tessiner Merlot empfehlen.

Elsässer Weißweine tragen die Namen der Rebsorten, aus denen sie gekeltert werden. Die bekanntesten sind der elegante Riesling, trocken und fruchtig, der gut zu Fisch und Sauerkraut passt, der kräftigere Gewürztraminer (zu Leberpastete, Fleisch und Wild) und der leichte Sylvaner, den man zu fast allem trinken kann.

Die besten Rheinweine kommen aus dem Rheingau, aus der Gegend um Rüdesheim. Die spät gelesene Rieslingtraube liefert 80% der Ernte und ergibt einen fruchtigen, süßen Wein. Zu den Spitzenerzeugnissen zählen Hattenheimer, Schloss Johannisberger, Kloster Eberbacher, Steinberger und Rüdesheimer. Auch die Rotweine werden immer beliebter; die besten kommen aus Assmannshausen und Ingelheim. Neben der Liebfraumilch ist Rheinhessen südlich von Mainz v. a. für Weine wie Niersteiner Domtal und Oppenheimer bekannt. In Rheinland-Pfalz ist man zu Recht stolz auf den Wachenheimer und den Deidesheimer.

Huber/Dutton

Marie de Metz/Christian Legay Marc Roger

istockphoto.com/Peters

Schweizer Spezialität aus Kartoffeln: *Rösti*. | Mirabellenkuchen aus sonnenverwöhntem Obst. | Frankfurter *Handkäs mit Musik* und ein Glas *Ebbelwoi*.

Symbol der Stadt Köln seit Napoleons Zeiten: *4711 – Echt Kölnisch Wasser*.

Enrico Webers

EINKAUFEN

Auf Ihrer Reise durch vier Länder – mit einem Ausflug nach Luxemburg sogar fünf – bietet sich reichlich Gelegenheit, um Andenken zu kaufen, von Antiquitäten bis zu feinem Wein.

Schweiz

Ein typisches Basler Andenken sind die Fasnachtsmasken, die – neu oder antiquarisch – auf den Flohmärkten am Peters- und Barfüsserplatz erhältlich sind.

Bei den beliebten Schweizer Armbanduhren hat die in allen möglichen Ausführungen hergestellte Swatch noch keineswegs die liebevoll handgefertigten älteren Präzisionsinstrumente verdrängt. Preislich dazwischen liegt das Angebot an schmucken »Bahnhofsuhren« fürs Handgelenk und Folklore-Uhren mit Kühen und Edelweiß.

Verblüffend vielseitig ist das weltbekannte rote Schweizer Armee-Taschenmesser mit dem weißen Kreuz für verschiedenste Verwendungszwecke (mit USB-Anschluss und Flash-Speicher, MP3-Player usw.).

In allen Konditoreien Basels (und anderen Läden) gibt es *Läckerli* zu kaufen, köstliche kleine Lebkuchen aus Honig, Mandeln, Zimt, Gewürznelken und Zitronat mit Zuckerglasur.

Frankreich

An Mitbringseln aus dem Elsass bieten sich in erster Linie Delikatessen für Feinschmecker an. *Pâté de foie gras* wird in hübschen irdenen Gefäßen verkauft, die später ein Andenken sein können. Wein nimmt man in Geschenkpackungen mit drei, sechs oder mehr Flaschen mit, dazu kann man sich auch eine Flasche Mirabellen- oder Kirschwasser (*eau-de-vie*) einpacken lassen.

Ausschau nach alten Möbeln und anderem Trödel hält man mittwochs und samstags auf dem Flohmarkt (*brocante*) auf der Place du Vieil-Hôpital in Straßburg. Seltene antiquarische Bände kann man dienstags, mittwochs und samstags auf dem Büchermarkt an der Place Gutenberg aufstöbern.

Deutschland

Die Modeschöpfer von Düsseldorf haben Weltruf; im Übrigen findet man in deutschen Großstädten die vertrauten französischen, italienischen, japanischen und amerikanischen Markennamen. Leder- und Sportbekleidung ist von guter Qualität.

Ein weltbekannter Luxusartikel wurde im Rheinland kreiert und ist noch in der Originalverpackung erhältlich: das *Eau de Cologne*, eine Kreation aus dem Jahre 1709 von Johann Maria Farina, die damals unter dem Namen *Aqua Mirabilis* (Wunderwasser) gehandelt wurde. Seine französische Bezeichnung erhielt es während der Napoleonischen Besatzung, erst später wurde der deutsche Name »4711 – Echt Kölnisch Wasser« gebräuchlich.

Das deutsche Porzellan genießt seinen Ruf zu Recht. Neben klassischem Meißener Porzellan und modernen Designs von Rosenthal ist besonders die Frankenthaler Manufaktur nahe Mannheim bekannt, die Nachbildungen großartiger Rokoko-Stücke aus der Blütezeit des 18. Jh. herstellt. Ein reizendes Souvenir für Kinder (und Eltern) ist ein Teeservice für die Puppenstube nach Meißener oder Frankenthaler Vorbildern.

Spielsachen sind in Deutschland meist von hoher Qualität, und die elektrischen Eisenbahnen gehören noch immer zu den besten der Welt. Andere schwören auf Flugzeug-, Boots- und Raumschiffmodelle. Man kann aber auch eine mittelalterliche Burg oder den Kölner Dom (in Miniaturausgabe) nachbauen. Trachtenpuppen sind ein hübsches Andenken, ebenso wie Teddybären oder Plüschtiere. Beliebte traditionelle Handwerkserzeugnisse sind Bett- und Tischtücher aus Leinen sowie die bekannten Nussknacker.

Im Geburtsland von Beethoven und Brahms werden verschiedenste Musikinstrumente hergestellt von der Mundharmonika bis zum Konzertflügel. Und im Bereich der Fotografie erlebt das Land ein Comeback; Spione und Künstler fliegen auf Modelle der Marke Leica. Verlässlich sind auch optische Geräte wie etwa Ferngläser.

Bücherwürmer sollten sich in Frankfurt am besten in der Umgebung des Goethehauses oder an der Hauptwache umsehen; Buchantiquariate gibt es beim Römer und am Dom.

Eine große Auswahl bietet sich im Lebensmittelbereich: Neben den Rhein- und Moselweinen, die man vom jeweiligen Weingut direkt nach Hause liefern lassen kann, eignet sich auch eine Flasche Schnaps als Mitbringsel. Weitere Delikatessen sind hausgemachte Salami oder Wurst sowie Süßigkeiten – von Lebkuchen über Spekulatius-Keksen bis hin zu Marzipan in allen Formen und Größen.

Luxemburg

Zart dekoriertes Porzellan der weltberühmten Firma Villeroy &

Boch sowie Kristallgläser bilden einen edlen Tischschmuck.

Wein und Schaumwein kauft man am besten an Ort und Stelle (außerhalb des Landes ist er nur schwer erhältlich), ebenso Fruchtliköre aus Pflaumen, Mirabellen, Birnen, Kirschen, Äpfeln usw.

Niederlande

Die holländischen Zigarren sind für ihr Aroma auf der ganzen Welt berühmt. Diamanten bilden noch heute eine Spezialität von Amsterdam; die Schleifereien kann man auch besichtigen. Aus Silber und Zinn werden viele nützliche und dekorative Gegenstände gefertigt, vom Armband bis zum Aschenbecher.

Feines Delfter Porzellan und Makkumer Töpferware eignen sich als Geschenk. Und in den Souvenirläden gibt es ein schier endloses Angebot: Holzschuhe in jeder Größe (sogar als Schlüsselanhänger), Tee, Gewürze, Kerzen, originelle T-Shirts, Korbwaren, usw. Für den Garten können Sie Tulpenzwiebeln mitnehmen. Der mit Wacholderbeeren gewürzte holländische Gin, *Jenever*, hat ein spezielles Aroma.

Matias Jolliet

istockphoto.com/Azevedo

hemis.fr/Sudres

Bunte Souvenirvielfalt aus den Ländern entlang des Stroms: *Basler Läckerli* mit viel Honig und Gewürzen; die berühmten Tulpen aus Amsterdam; ein hübscher Topf mit Elsässer *Foie gras*.

Die »Blauen Funken« sind eine der ältesten und traditionsreichsten Karnevalsgesellschaften der Narrenhochburg Köln.

Huber/Morandi

WICHTIGES IN KÜRZE

Nachfolgend einige praktische Tipps für Ihre Reise auf dem Rhein:

Einreise

Alle Rhein-Staaten (auch die Schweiz) gehören zum »Schengen-Raum«; Ausweiskontrollen bei Grenzübertritten zwischen den Ländern sind praktisch aufgehoben. Tragen Sie für allfällige Kontrollen einen gültigen Personalausweis (Identitätskarte) bei sich.

Fasnacht, Karneval

Viele Städte entlang des Rheins, allen voran Basel, Mainz, Köln und Düsseldorf sind Hochburgen der »Fünften Jahreszeit«, wobei diese im Norden Karneval, im Süden dagegen meist Fasnacht oder Fastnacht heißt. In Köln, das mit seinem rund 7 km langen Rosenmontagszug weltrekordverdächtig ist, wird sie oft auch Fastelovend genannt. Falls Sie vor Aschermittwoch (in Basel die Woche danach) an den Rhein kommen, so genießen Sie die ausgelassene Stimmung!

Feiertage

Schweiz:

(Kantone Basel-Stadt und Basel-Landschaft)

1. Januar	Neujahr
1. Mai	Tag der Arbeit
1. August	Bundesfeiertag
25. Dez.	Weihnachten
26. Dez.	Stefanstag

Beweglich: Karfreitag, Ostermontag, Auffahrt, Pfingstmontag.

Frankreich:

1. Januar	Neujahr
1. Mai	Tag der Arbeit
8. Mai	Tag des Sieges (Zweiter Weltkrieg)
14. Juli	Nationalfeiertag
15. August	Mariä Himmelfahrt
1. Nov.	Allerheiligen
11. Nov.	Waffenstillstand Erster Weltkrieg
25. Dez.	Weihnachten

Beweglich: Ostermontag, Auffahrt, Pfingstmontag.

Deutschland:

(Gebiete entlang des Rheins)

1. Januar	Neujahr
1. Mai	Tag der Arbeit
15. August	Mariä Himmelfahrt
3. Oktober	Tag der Deutschen Einheit
1. Nov.	Allerheiligen
25. Dez.	Weihnachten
26. Dez.	Stefanstag

Beweglich: Karfreitag, Ostermontag, Auffahrt, Pfingstmontag, Fronleichnam.

Luxemburg:

1. Januar	Neujahr
1. Mai	Tag der Arbeit
23. Juni	Nationalfeiertag
15. August	Mariä Himmelfahrt
1. Nov.	Allerheiligen
25. Dez.	Weihnachten
26. Dez.	Stefanstag

Beweglich: Ostermontag, Auffahrt, Pfingstmontag.

Niederlande:

1. Januar	Neujahr
30. April	Geburtstag der Königin
5. Mai	Tag der Befreiung
25. Dez.	Weihnachten
26. Dez.	Stefanstag

Beweglich: Karfreitag, Ostermontag, Auffahrt, Pfingstmontag.

Fotografieren

In vielen Museen sind Fotoapparate erlaubt; erkundigen Sie sich aber vorher.

Geld

Währungseinheit der Schweiz ist der Franken (CHF) zu 100 Rappen. Es gibt Scheine zu CHF 10, 20, 50, 100, 200 und 1000 sowie Münzen zu 5, 10 und 20 Rappen und zu 1/2, 1, 2 und 5 CHF. In vielen Läden und Restaurants in der Schweiz können Sie auch mit Euro bezahlen.

In Frankreich, Deutschland, Luxemburg und den Niederlanden wird der Euro (EUR) verwendet. 1 Euro = 100 Cent (ct). Kreditkarten werden fast überall akzeptiert; man findet genug Bankomaten für den Barbezug.

Gepäck

Im Sommer reicht leichte Baumwollkleidung; zudem sollte man Kopfbedeckung und Sonnencreme einpacken sowie einen Pullover oder eine Jacke für kühle Abende. Für Ausflüge und Weinbergwanderungen braucht man gutes Schuhwerk. Ein Insektenschutzmittel und eine Taschenlampe können nützlich sein.

Gesundheit

Zwischen den EU-Ländern und der Schweiz gelten Gesundheitsabkommen. Vergessen Sie für den Fall einer Arztkonsultation Ihre EU-Krankenversicherungskarte nicht. Touristen aus Nicht-EU-Ländern (z. B. Schweizer) können zusätzlich eine Reisekrankenversicherung abschließen.

Klima

Das Rheinland weist ein ganzjährig mildes Klima auf; die beste Reisezeit ist zwischen April und Oktober. Ein Regenschutz kann v. a. im Sommer nützlich sein.

Die Durchschnittstemperaturen liegen im April bei etwa 16 °C, steigen im Juli auf 25 °C und sinken im Oktober wieder gegen 14 °C. Der Januar ist mit –3 °C am kältesten. Besonders schön ist das Rheintal im Herbst, wenn sich Wälder und Weinberge rot und golden färben.

Notfälle

Die generelle Notrufnummer ist 112. Botschaft oder Konsulat sind nur z. B. bei Passverlust zuständig, nicht etwa, falls Ihnen Bargeld oder Fahrkarten abhandengekommen sind.

Sicherheit

Nehmen Sie sich in größeren Menschenansammlungen vor Taschendieben in Acht; deutlich sichtbare Geldbeutel und offene Handtaschen sind eine Einladung! Dokumente und Wertsachen sollte man im Hotelsafe hinterlegen.

Sprachen

Die Flussreise auf dem Rhein führt zwar größtenteils durch deutschsprachige Gebiete, doch für Ihre Landgänge in den Niederlanden und im Elsass finden Sie hier ein paar holländische und französische Ausdrücke:

Französisch:

Guten Tag	Bonjour
Auf Wiedersehen	Au revoir
Bitte/Danke	S'il vous plaît/ Merci

Holländisch:

Guten Tag	Goedemiddag
Auf Wiedersehen	Tot ziens
Bitte	Alstublieft
Danke	Dank u

Telefon

Internationale Ländervorwahlen: +41 für die Schweiz, +33 für Frankreich, +49 für Deutschland, +352 für Luxemburg, +31 für die Niederlande.

Trinkgeld

In Restaurant- und Hotelrechnungen ist die Bedienung bereits inbegriffen, aber es ist üblich, etwa 5–10 % Trinkgeld dazuzulegen.

Zoll

In die Schweiz dürfen folgende Mengen eingeführt werden (für EU-Bürger): 200 Zigaretten oder 50 Zigarren oder 250 g Tabak sowie 2 l Alkohol mit bis zu 15 Volumenprozent und 1 l Alkohol über 15%. Gegen eine Zolltaxe können Sie maximal 20 l Wein importieren. Die Ein- und Ausfuhr von Euro ist nicht beschränkt.

An den Grenzübergängen zu Frankreich, Deutschland und den Niederlanden sind die Zollkontrollen minimal, der Warenverkehr für private Reisende aus EU-Ländern weitgehend zollfrei; es gibt jedoch gewisse obere Richtmengen. Nicht-EU-Bürger über 17 Jahre dürfen folgende Mengen zollfrei in EU-Länder einführen: 200 Zigaretten oder 50 Zigarren oder 250 g Tabak, 1 l Spirituosen oder 2 l andere Getränke mit maximal 22 % Volumenanteil, 16 l Bier und 4 l Wein (nach Frankreich nur 2 l Wein).

Basel
N
0
300 m
Fondation Beyeler
Badischer Bahnhof
Museum Tinguely
Rhein
Schwarzwaldbrücke
Schwarzwaldallee
Riehenstr.
Baumlihofstr.
Grenzacherstr.
Hauptstr.
Wettsteinallee
Messe
Basler Halle
Riehenring
Wettsteinbrücke
Wettsteinplatz
St. Alban-fähre
Museum für Gegenwartskunst
St. Alban-Tor
St. Alban-Anlage
St. Alban-Rheinweg
St. Alban-Vorstadt
Zürcherstr.
Mühlegr.
Dufourstr.
Kunstmuseum
Antikenmuseum
Pfalz
Münster
Münsterplatz
Münster-fähre
Naturhist. Museum
Museum der Kulturen
Rathaus
Marktplatz
Hist. Museum
Barfüsserplatz
Stadttheater
Kunsthalle
Kirschgarten-Museum
Aeschenplatz
Aeschengraben
St. Jacobs-Str.
Bundesbahnhof
Centralbahnstr.
Heuwaage
Steinengraben
Steinenring
Viaduktstr.
Zoologischer Garten
Stadt- und Münster-museum
Schifflände
Klingental-fähre
Klybeckstr.
Feldbergstr.
Unterer Rheinweg
Oberer Rheinweg
Johanniterbr.
St. Johanns-Vorstadt
St. Johanns-Tor
Kantonsspital
Universität
Spalentor
Schützengraben
Spalenring
Kannenfeldstr.
Kannenfeldplatz
Burgfelderstr.
Elsässerstr.
Missionsstr.
Klingelbergstr.
Leimenstr.
Holbeinpl.
Steinenberg
Kohlenbergg.
Leonhardsgraben
Heuberg
Spalenvorstadt
Petersgraben
Nadelberg
Schneidergasse
Gerbergasse
Falknerstr.
Freiestr.
Rittergasse
Aeschenvorstadt
Blumenrain
Rheinweg
Rebgasse
Claragraben
Clarastr.
Hammerstr.
Efringerstr.
Bläsiring
Oetlingerstr.
Breisacherstr.
Entenweidstr.
Flughafenstr.
Mühlhauserstr.
St. Johanns-Ring
Nonnenweg
Austr.
Birsigstr.
Bundesplatz
Brennerstr.
Neubadstr.
Bernerring
Schützenmattstr.
Euler-str.
Allschwilerstr.
Ahornstr.
Rufacherstr.
Colmarerstr.
Hegenheimerstr.
Hagentalerstr.
Thannerstr.
Sennheimerstr.
Wanderstr.
Weiherweg
Binningerstr.
Margarethenstr.
Nauenstr.
Gartenstr.
Lange Gasse
Hardstr.
Rennweg
Gellertstr.
Emanuel-Büchel-str.
Karl-Jaspers-Allee
St. Alban-Ring
Hirzbodenweg
Grellingerstr.
Engelgasse
Hagenbachstr.
Lehenmattstr.
Peter-Rot-Str.
Vogelsangstr.
Rosentalstr.
Mattenstr.
Erlenstr.
Schönaustr.
Maulbeerstr.
Im Surinam
Hirzbrunnen-str.
Paracelsusstr.
Käferholzstr.
Alemannengasse
Schaffhauser-Rheinweg
Utengasse
Untere Rebg.
Sperrstr.
Klingentalstr.
Hattstatterstr.

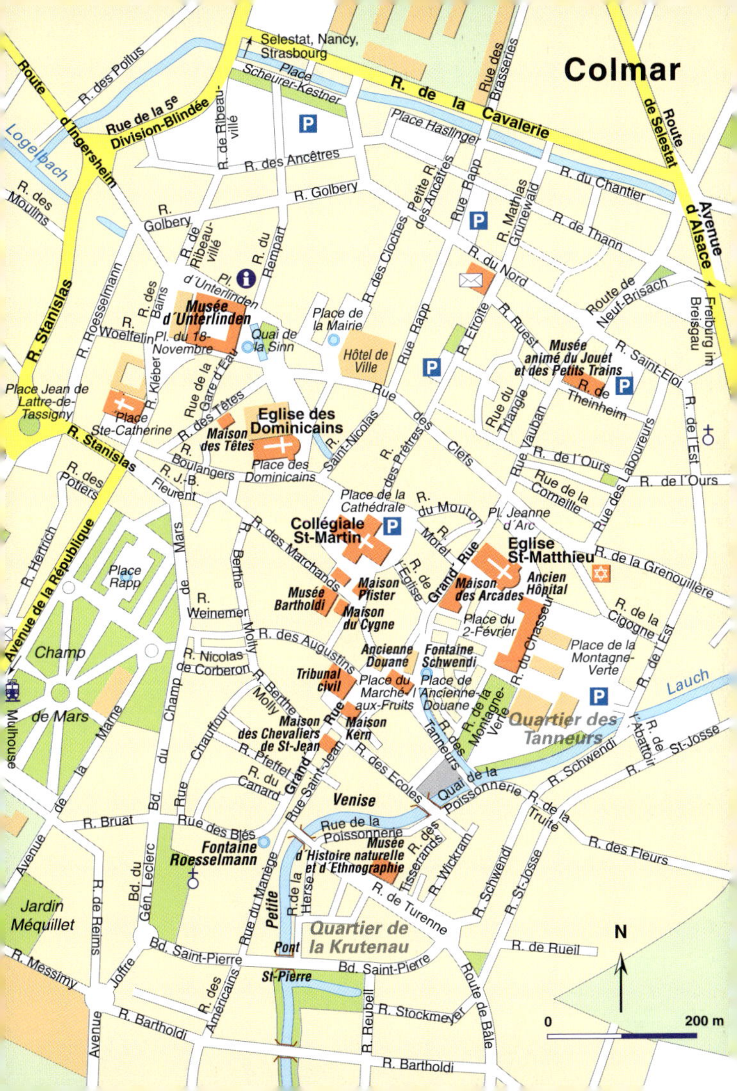
Colmar
Selestat, Nancy, Strasbourg
Place Scheurer-Kestner
R. de la Cavalerie
Rue des Brasseries
Route de Selestat
Route d'Ingersheim
R. des Poilus
Rue de la 5e Division-Blindée
Logelbach
R. de Ribeauvillé
Place Haslinger
R. des Ancêtres
R. du Chantier
Avenue d'Alsace
R. des Moulins
R. Golbery
R. de Thann
Petite R. des Ancêtres
Rue Rapp
R. Mathias Grunewald
R. du Nord
R. des Cloches
R. du Rempart
Pl. d'Unterlinden
Route de Neuf-Brisach
Freiburg im Breisgau
R. Stanislas
R. Roesselmann
R. des Bains
Musée d'Unterlinden
Place de la Mairie
R. Etroite
R. Ruest
R. Woelfelin
Pl. du 18-Novembre
Quai de la Sinn
Hôtel de Ville
Musée animé du Jouet et des Petits Trains
R. Saint-Eloi
R. de Theinheim
Place Jean de Lattre-de-Tassigny
R. Kléber
Rue de la Gare d'Eau
Rue des Clefs
Rue du Triangle
R. de l'Est
Place Ste-Catherine
R. des Têtes
Maison des Têtes
Eglise des Dominicains
R. Saint-Nicolas
R. des Prêtres
Rue Vauban
R. de l'Ours
R. Stanislas
R. Boulangers
Place des Dominicains
R. des Laboureurs
R. des Potiers
R. J.-B. Fleurent
Place de la Cathédrale
R. du Mouton
Rue de la Corneille
Pl. Jeanne d'Arc
Collégiale St-Martin
R. Morel
Eglise St-Matthieu
R. de la Grenouillère
R. Hertrich
Avenue de la République
Place Rapp
R. des Marchands
R. de l'Eglise
Grand' Rue
Ancien Hôpital
R. Berthe Molly
Musée Bartholdi
Maison Pfister
Maison des Arcades
R. de la Cigogne
R. Weinemer
Maison du Cygne
Place du 2-Février
Place de la Montagne-Verte
Champ de Mars
R. des Augustins
Ancienne Douane
Fontaine Schwendi
R. du Chasseur
R. Nicolas de Corberon
Tribunal civil
Place du Marché-aux-Fruits
Place de l'Ancienne-Douane
Lauch
R. de la Montagne-Verte
Quartier des Tanneurs
Mulhouse
R. du Chauffour
Maison des Chevaliers de St-Jean
Maison Kern
R. des Tanneurs
R. de l'Abattoir
R. de St-Josse
R. Pfeffel
R. des Ecoles
Quai de la Poissonnerie
R. Schwendi
R. du Canard
Rue Saint-Jean
Venise
Avenue de la Marne
Bd. du Champ de Mars
R. Bruat
Rue des Blés
Rue de la Poissonnerie
R. de la Truite
Fontaine Roesselmann
Musée d'Histoire naturelle et d'Ethnographie
R. des Tisserands
R. des Fleurs
Jardin Méquillet
Bd. du Gén. Leclerc
Rue du Manège
Petite
R. de la Herse
R. Wickram
R. Schwendi
R. St-Josse
R. de Reims
R. de Turenne
Quartier de la Krutenau
Pont
Bd. Saint-Pierre
R. de Rueil
R. Messimy
Joffre
St-Pierre
Route de Bâle
R. des Américains
R. Reubell
R. Stockmeyer
R. Bartholdi
Avenue
N
0
200 m

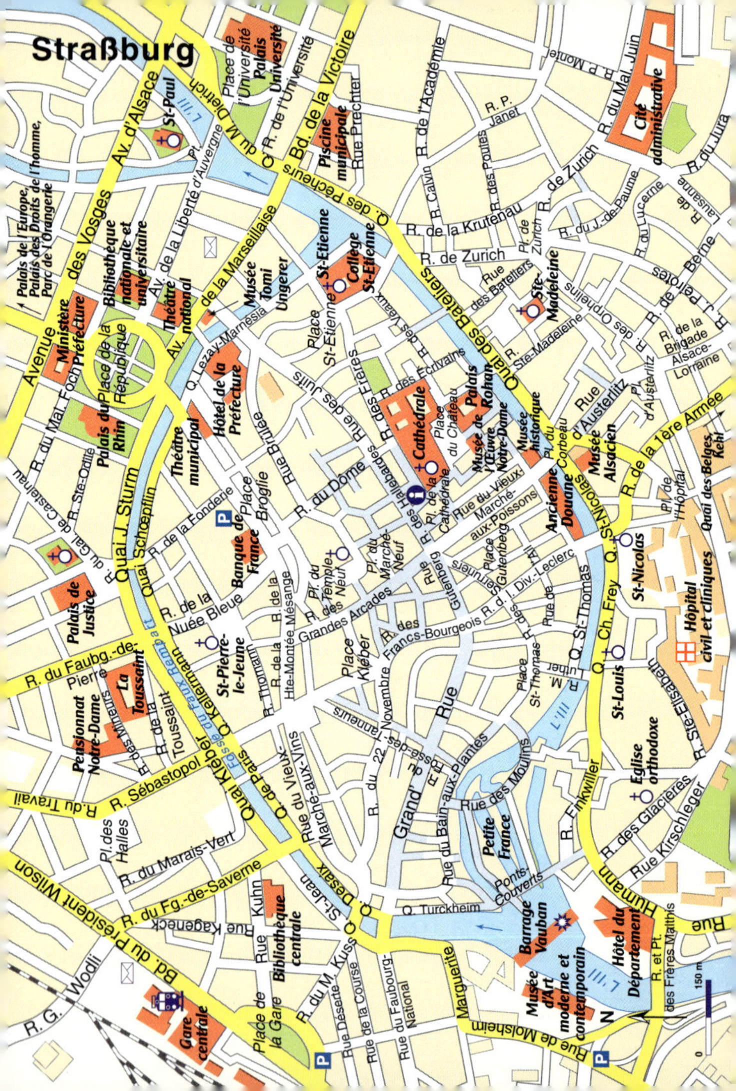
Straßburg
St-Paul
L'Ill
Av. d'Alsace
Q. du M. Dietrich
Place de l'Université
Palais Université
R. de l'Université
Bd. de la Victoire
Piscine municipale
Rue Prechter
R. de l'Académie
R. P. Janet
R. des Poules
R. Calvin
R. de la Krutenau
R. de Zurich
R. du Mal. Juin
Cité administrative
R. du Jura
R. P. Monte
R. de Lausanne
R. du Lucerne
R. du J.-de-Paume
Pl. de Zurich
R. de Berne
R. J. Perrotes
R. de Bâle
R. des Orphelins
R. de la Brigade Alsace-Lorraine
Pl. d'Austerlitz
R. d'Austerlitz
R. de la 1ère Armée
Kehl
Quai des Belges
Pl. de l'Hôpital
Hôpital civil et cliniques
Palais de l'Europe, Palais des Droits de l'homme, Parc de l'Orangerie
Avenue des Vosges
Bibliothèque nationale et universitaire
Av. de la Liberté
Théâtre national
Av. de la Marseillaise
Musée Tomi Ungerer
St-Etienne
Collège St-Etienne
Q. des Pêcheurs
Quai des Bateliers
Ste-Madeleine
R. Ste-Madeleine
Rue des Bateliers
Ministère Préfecture
Place de la République
Q. Lezay-Marnesia
Hôtel de la Préfecture
Place St-Etienne
R. des Veaux
R. des Écrivains
Palais Rohan
Musée historique
Musée de l'Œuvre Notre-Dame
Place du Château
Rue des Juifs
Rue des Frères
Cathédrale
Pl. de la Cathédrale
Rue du Vieux-Marché-aux-Poissons
Ancienne Douane
Pl. du Corbeau
Musée Alsacien
Q. St-Nicolas
St-Nicolas
Av. du Mal. Foch
Palais du Rhin
Théâtre municipal
Rue Brûlée
R. du Dôme
R. des Hallebardes
R. Ste-Odile
R. du Gal de Castelnau
Quai J. Sturm
Quai Schœpflin
R. de la Fonderie
Banque de France
Place Broglie
Pl. du Temple-Neuf
Pl. du Marché-Neuf
Rue Gutenberg
Place Gutenberg
R. des Serruriers
R. d. l. Div.-Leclerc
Q. St-Thomas
Q. Ch. Frey
St-Louis
Palais de Justice
R. de la Nuée Bleue
R. de la Mésange
Hte-Montée
Grandes Arcades
R. des Francs-Bourgeois
R. Thomann
Place Kléber
St-Pierre-le-Jeune
R. du Faubg.-de-Pierre
La Toussaint
R. de la Toussaint
Fossé du Faux Rempart
R. du Fossé des Tanneurs
R. du 22 Novembre
R. du Fossé-des-Tanneurs
Place St-Thomas
R. Martin Luther
Eglise orthodoxe
R. Ste-Elisabeth
Pensionnat Notre-Dame
R. des Mineurs
Quai Kléber
Q. de Paris
Rue du Vieux-Marché-aux-Vins
Grand' Rue
R. du Bain-aux-Plantes
Rue des Moulins
Petite France
R. Finkwiller
R. des Glacières
Rue Kirschleger
R. Sébastopol
R. du Travail
Pl. des Halles
R. du Marais-Vert
R. du Fg.-de-Saverne
Bd. du Président Wilson
Rue Kuhn
Rue Kageneck
Bibliothèque centrale
Q. Desaix
Q. St-Jean
Q. Turckheim
Ponts-Couverts
Barrage Vauban
Musée d'Art moderne et contemporain
Hôtel du Département
Rue Humann
R. et Pt. des Frères Matthis
R. G. Wodli
Gare centrale
Place de la Gare
R. du M. Kuss
Rue Déserte
Rue de la Course
Rue du Faubourg-National
Rue Marguerite
Rue de Molsheim
N
150 m
0

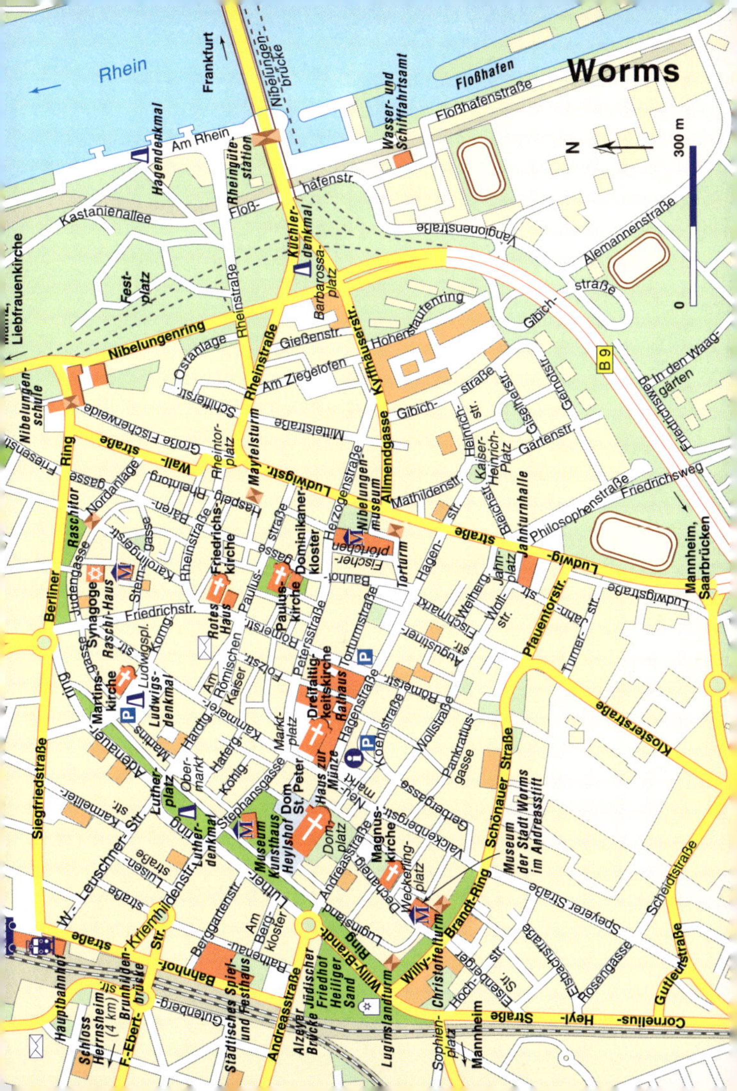
Worms
Rhein
Frankfurt
Nibelungenbrücke
Floßhafen
Floßhafenstraße
Wasser- und Schifffahrtsamt
N
300 m
0
Am Rhein
Hagendenkmal
Rheingüte-station
Floß-hafenstr.
Kastanienallee
Vangionenstraße
Alemannenstraße
Küchler-denkmal
Fest-platz
Mainz, Liebfrauenkirche
Barbarossa-platz
Nibelungenring
Rheinstraße
Ostanlage
Gießenstr.
Hohenstaufenring
Gibich-straße
B 9
In den Waag-gärten
Friedrichsweg
Am Ziegelofen
Kyffhäuserstr.
Schillerstr.
Nibelungen-schule
Große Fischerweide
Mittelstraße
Gibich-straße
Heinrich-str.
Giselherstr.
Gernotstr.
Wall-straße
Rheintor-platz
Mayfelsturm
Ludwigstr.
Allmendgasse
Kaiser-Heinrich-Platz
Gartenstr.
Friesenstr.
Raschitor
Nordanlage
Rheintorgasse
Bären-gasse
Friedrichs-kirche
Dominikaner-kloster
Herzogenstraße
Nibelungen-museum
Mathildenstr.
Philosophenstraße
Friedrichsweg
Mannheim, Saarbrücken
Jahnturnhalle
Ludwig-straße
Ludwigstraße
Judengasse
Synagoge
Raschi-Haus
Karolingerstr.
Sterngasse
Paulusstraße
Fischer-pförtchen
Bauhof
Torturm
Hagen-str.
Bleichstr.
Jahn-platz
Friedrichstr.
Rotes Haus
Paulus-kirche
Römerstr.
Fischmarkt
Weiherg.
Woll-str.
Pfauentorstr.
Jahn-str.
Turner-str.
Ludwigspl.
Korng.
Am Römischen Kaiser
Petersstraße
Folzstr.
Torturmstraße
Augustinerstr.
Berliner Ring
Martins-kirche
Martinsgasse
Ludwigs-denkmal
Kämmererstr.
Dreifaltig-keitskirche
Rathaus
Römerstr.
Klosterstraße
Hardtg.
Haferg.
Markt-platz
Hagenstraße
Koehlstraße
Wollstraße
Pankratius-gasse
Adenauer-Ring
Ober-markt
Königg.
Stephansgasse
Haus zur Münze
Neu-markt
Siegfriedstraße
Luther-platz
Karmeliter-str.
Dom St. Peter
Heylshof
Kunsthaus
Museum
Gerbergasse
Valckenbergstr.
Schönauer Straße
Museum der Stadt Worms im Andreasstift
Luther-denkmal
Dom-platz
Magnus-kirche
Andreasstraße
Weckerling-platz
W.-Leuschner-Str.
Luisen-straße
Kriemhildenstr.
Lutherring
Berggartenstr.
Am Berg-kloster
Speyerer Straße
Scheidtstraße
Willy-Brandt-Ring
Luginsland
Christoffelturm
Rosengasse
Eisbachstraße
Gutleutstraße
Bahnhof-straße
Hauptbahnhof
Brunhilden-brücke
Städtisches Spiel- und Festhaus
Rathenaustr.
Jüdischer Friedhof Heiliger Sand
Luginslandturm
Hoch-str.
Eisenberger Str.
Cornelius-Heyl-Straße
Gutenbergstr.
Schloss Herrnsheim (4 km)
F.-Ebert-Str.
Alzeyer Brücke
Sophien-platz
Mannheim

Mainz
N
0
300 m
Rhein
Theodor-Heuss-Brücke
40
Stadtwerke
St.-Josefs-Stift
Raimundistraße
Rhein-
Kaiserstraße
Kaiserstr.
Stadtarchiv
Stadtbiblioth.
allee
Forster-
Hindenburg-
Josefs-
Frauenlobpl.
Frauenlob-str.
Leibniz-
Karillon-
Hindenburgpl.
Kurfürsten-
Gartenfeldpl.
Adam-
Gartenfeld-str.
Boppstraße
Ostein-str.
Frauenlobstr.
Rhabanusstr.
Bonifazius-str.
DB
DGB
Bauhof-
Stifts-
Schießgartenstr.
Kultus-Ministerium
Mittelrheinisches Landesmuseum
Albini-str.
Ernst-Str.
Diether-
v.-Isenburg-Str.
Ludwig-
Römisch-Germanisches Zentralmuseum (Kurfürstl. Schloss)
Justiz-Min.
Kaiser-Friedrich-Str.
Bleiche
Landtag
Deutschhs.-pl.
Staatskanzlei
Peter-Altmeier-Allee
Peters-pl.
Petersstr.
Zeughausgasse
Naturhistorisches Museum
Große Bleiche
Heidelberger-faßg.
Neubrunnen-str.
Neubrunnen-pl.
Löwenhofstr.
Flachs-marktstr.
Bauerngasse
Flachs-markt
Karmeliter-pl.
Brücken-pl.
Rheinstr.
Rhein-goldhalle
Rathaus
Am Rathaus
Zanggasse
Klara-
Lothar-str.
Jüngerer Dalberger Hof
Löhr-str.
Schuster-str.
Gärtnergasse
Mittl.
Hintere
Bahnhof-str.
Parcusstr.
Steing.
Stadthausstr.
St. Quintin
Quintinsstr.
Eisenturm
Brand
Am
Ufer
Stresemann-
Alicenpl.
Binger Str.
Münster-pl.
Erthaler Hof
Finanzamt
Schillerstr.
Große Langgasse
Emme-ranstr.
Fust-
Alte Univ.-str.
Reb-stockpl.
Gutenberg Museum
Fischtor-pl.
Alicenstr.
Augustusstr.
Münster-straße
Walpodenstr.
IHK
Dominik.-str.
Theater
Gutenberg-pl.
Markt
Dom
Lieb-frauenplatz
Ludwigsstr.
St. Johannis
Leich-hof
Heug.
Wein-
Lauterenstr.
Terrassenstr.
Kupferberg-terrasse
E.-Josef-Str.
Bassenheimer Hof
Schiller-pl.
Ball-pl.
Weiß-lilien-gasse
Bischofs-pl.
Grebenstr.
Gallusg.
Augustiner-kirche
Holz-turm
Kappelhofg.
Kolpinghs.
Templer-str.
Römer-wall
M.-Ward-Str.
Augustinerstr.
Schönbornstr.
Rochusstr.
Holz-
St. Ignaz
Trajan-str.
Germanikus-str.
Drususstr.
Mathild.-str.
Stefans-pl.
St. Stephan
Stefansstr.
Holzhofstr.
Kapuzinerstr.
Neutor-str.
Am Römerlager
Emil-Kraus-Weg
Bastion
Kästrich
Martinsstr.
Gau-
Gr. Weißg.
weg
Zitadellen-weg
Augustus-pl.
Römerwall
Martin
Am Pulverturm
Gautor
Eisgrub-
Am 87er Denkmal
Zitadelle
Langenbeck-str.
Am Römerlager
Universitäts-kliniken
Bastion Philipp
Agrippastraße
Str.
Drusus-
Windmühlen-
A. d. Bastion Johannes
Wilhelmiter-str.
Salvatorstr.
Fichte-pl.
Zahlbacher
Obere
A.d. Philipps-schanze
wall
Drusus-
Auf der Steig

Wiesbaden
N
0
400 m
Neroberg
Kellerstraße
Stiftstraße
Weilstr.
Feldstr.
Röder-
straße
Adler-
Lehrstr.
Nerostraße
Taunusstraße
Kapellenstr.
Geisbergstraße
Adolfsberg
Schöne Aussicht
Hergenhahnstr.
Liszt-
str.
Schöne
Aussicht
Prinzessin-
Elisabeth-
Str.
Spohrstraße
Hohen-
Abegg-
lohestraße
berg
Schöne
Aussicht
Wagner-
Straße
Richard-
Burg
Sonnenberg
(2 km)
Bößler-
str.
Leber-
str.
Steingasse
Römer-
berg
Berg-
kirche
Schachtstr.
Schwalbacher Str.
Hirschgraben
Saal-
gasse
Koch-
brunnen-
platz
Webergasse
Spiegelg.
Pariser
Hoftheater
P
Sonnenberger Straße
Platter
Str.
Alt-
katholische
Kirche
Römertor
Kaiser-
Friedrich-
Therme
Am
Römer
Tor
Kunst-
haus
An den
Quellen
Kaiser-
Friedrich-
Denkmal
Burgstr.
Kurhaus-
kolonnade
Kurhaus-
platz
Kurhaus
Kurpark
Hessisches
Staatstheater
Parkstraße
Bodenstedtstr.
Emser
Str.
Coulin-
Michelsberg
Wagemann-
str.
Grabenstr.
Mühlg.
Lang-
gasse
Hessischer
Landtag
Stadt-
schloss
Markt-
kirche
Marktstr.
Wilhelmstraße
Schiller-
Denkmal
Grün-
weg
Hildastraße
Warmer
Damm
Steuben-
straße
Paulinenstraße
Mauritius-
str.
Mauritius-
platz
Altes
Rathaus
Rathaus
Marktplatz
Historischer
Marktkeller
Dern´sches
Gelände
Mauerg.
Neu-
gasse
Kirch-
gasse
Schwalbacher
Str.
Bleich-
straße
Erbprinzen-
palais
Villa
Söhnlein-
Pabst
Bierstadter
Straße
Alwinen-
str.
Julius-
str.
Villa
Clementine
Englische
Kirche
Friedrich-
Schiller-
platz
Nassauischer
Kunstverein
Theodorenstr.
Sophien-
str.
Gustav-
Freytag-
Str.
Schloss
Freudenberg
(4,5 km)
Bonifatius-
platz
St.-
Bonifatius-
Kirche
Luisenstraße
Luisenstr.
Bahnhofstraße
Dotzheimer
Str.
Ringkirche
(400 m)
Landes-
bibliothek
Luisen-
platz
Solmsschlösschen
Blumen-
str.
Rheinstraße
Humboldt-
str.
Frankfurter
Straße
Museum
Wiesbaden
Rhein-
Main-
Hallen
Goethe-
Denkmal
Kleine
Frankfurter
Straße
Uhland-
str.
St.-Josefs-
Hospital
Beethoven-
str.
Solms-
str.
Karl-
str.
Oranien-
str.
Moritz-
straße
Adolfstr.
Bahnhof-
straße
Adelheidstr.
Adelheid-
str.
Kaspar-
Kögler-
Platz
Herrngarten-
str.
Untere
Albrechtstr.
Kronprinzenstr.
Allee
Ebert-
Friedrich-
Viktoria-
str.
Viktoria-
str.
Augusta-
str.
Martin-
str.
Langenbeck-
str.
Albrechtstr.
Schlichter-
str.
Untere
Matthias-
Claudius- Str.
Herbert-
anlagen
Reisinger-
Anlagen
Auguste-
Mainzer
Str.
Lessing-
str.
Lessingstr.
Kirche zur
Heiligen Familie
Dante-
str.
Herderstraße
Matthias-
Claudius- Str.
Adolfsallee
Fritz-
Reuter-Str.
Kaiser-
Friedrich-
Ring
Gustav-
Stresemann-
Ring
Bahnhofsplatz
Gustav-Stresemann-Ring
Klopstock-
str.
Mosbacher Str.
Luther-
kirche
Dreifaltigkeits-
kirche
Am
Landeshaus
Lilien-Carré
Haupt-
bahnhof
Klingholz-
str.
Gartenfeldstr.
Mainzer
Str.
bacherstr.
Wittels-
Zähringerstr.
Sailer-
str.
Wettinerstr.
Stadion
Berliner
Straße
Biebricher
Allee
Schloss
Biebrich
(3,5 km)
Alexandrastr.

Koblenz
Mosel
Rhein
Hafen
Festung Ehrenbreitstein
Deutsches Eck
Deutscher Kaiser
St. Kastor
Deutschherrenh. Ludwig-Museum
Alte Burg
Florinskirche
Liebfrauenkirche
Vier Türme
Rathaus
Jesuiten-Kirche
Stadttheater
Herz-Jesu-Kirche
Schloss
Görres-Denkmal
Christuskirche
Kongress-Zentrum Rhein-Mosel-Halle
Weindorf
Fort Konstantin
St-Josef
St-Martin
PFAFFENDORF
St. Peter und Paul
Pfaffendorfer Brücke
Europabrücke
Eisenbahnbrücke
Balduinbrücke
Neuer Messe-Platz
Saarplatz
Zentralplatz
Deinhard-Platz
Münzplatz
Jesuitenplatz
Josef-Görres-Pl.
Friedrich-Ebert-Ring
Moselring
Kastorhof
Neustadt
Viktoriastraße
Hohenzollernstraße
Mainzer Straße
Kurfürstenstraße
Südallee
Löhrstraße
Bahnhofstraße
Schlossstraße
Clemensstr.
Pfuhlgasse
Am Wöllershof
Rheinstraße
Konrad-Adenauer-Ufer
Julius-Wegeler-Str.
Kaiserin-Augusta-Anlagen
Markenbildchenweg
Johannes-Müller-Str.
Ludwigstr.
St.-Josef-Str.
0
300 m
N

Bonn
0
500m
N
Rhein
Rhein
Friedrich-Ebert-Brücke
Kennedy-brücke
Römerbad
Völkerkunde-Museum
St.-Joseph-Kirche
Beethoven-halle
Frauen-museum
Stadthaus
Beethovenhaus
Opernhaus
Rathaus
Alter Zoll
Münster
Universität
Hofgarten
Akademisches Kunstmuseum
Arithmeum
Rhein. Landes-museum
Hauptbahnhof
E.-M.-Arndt-Haus
Poppels-dorfer Schloss
Museum A. Koenig
Villa Hammerschmidt
Palais Schaumburg
ehem. Bundes-präsidialamt
Museums-meile
Estermann-str.
Karl-Legien-Str.
Römerstr.
Salierweg
Werft-
An der Josefshöhe
Herseler Str.
Leinpfad
Graurheindorfer Str.
Mondorfer Straße
Husarenstr.
Augustusring
Köln-straße
Lievelings-weg
Karl-Ring
Clodwig-platz
Ellerstr.
Nord-str.
Drususstr.
Römerstr.
Rosental
Kaiser-
Dorotheenstr.
Georgstr.
Kölnstraße
Breite Str.
Wachs-bleiche
Vorgebirgs-str.
Eller-str.
Eifelstr.
Hochstadenring
Adolf-str.
Heer-str.
Maxstr.
Annagraben
Welsch-nonnen-str.
Sand-kaule
Erzbg.-Ufer
Bertha-von-Suttner-Platz
Berliner Freiheit
Berliner Platz
Friedrichstraße
Bornheimer Str.
Alter Friedhof
Am Alten Friedhof
Budapest.
Sternstraße
Vivats-G.
Windeck.
Münster-platz
Rathaus-G.
Rhein-G.
Belder-G.
Am Hof
Brassertufer
Thoma-str.
Thomastr.
Victoriabrücke
Herwarthstr.
Rabinstr.
T.-Mann-Str.
Poststr.
Adenauer-allee
Am Hofgarten
Endenicher Str.
Haydnstr.
Humboldt-str.
Wagnerstr.
Kaufmann-str.
Baumschulallee
Allee
Beethoven-str.
Wegeler-Str.
Kreuzberg-weg
Endenicher Allee
Poppelsdorfer Allee
Prinz-Albert-Str.
Kaiserstr.
Riesstr.
Lennéstr.
Meckenheimer Allee
Nussallee
Bonner straße
Webersr.
König-
Argelanderstr.
Kurfürstenstr.
Troll-Str.
Carl-
Am Bot. Garten
Ermekeilstr.
Schu-mannstr.
Lessingstr.
An der O.-Watzel-Str.
Kaiserstr.
Niebuhrstr.
Arndtstr.
Adenauerallee
Spiritusufer
Kaiser-Friedrich-Str.
Sebastianstr.
Cl.-August-Str.
Kirsch-allee
Sternenburgstr.
Jagdweg
Blücher-str.
Reuterstr.
Bonner
Niederkasseler Straße
Im Gensem
Gensemer Str.
Arnold-Str.
Bergheimer Str.
Petrus
Dix-str.
Stiftsstr.
Vilicher-Str.
Kurland-str.
Kirch-feld-str.
Am Lederhof
Stiftsstr.
Graben-str.
An dem Mühlenberg
Clemens-str.
Franken-weg
Werd-Str.
Rheindorfer Straße
Rheinaustraße
Jahnstr.
Mirecourt-str.
Von-Sand-str.
Rat-haus-str.
Sankt Augustiner Str.
Kreuzstr.
Kaiser-Konrad-Straße
Combahnstr.
K.-Adenauer Pl.
Breuer-str.
Friedrich-Agnes-str.
S.-Leopold-Str.
H.-Böckler Str.
Joh.-Link-Str.
Limpericher Str.
Goethe-allee
Hermannstraße
Schleide
Rilke-str.
Johannes-str.
Helenen-str.
Feld-str.
Berg-weg
Ringstraße
Elsa-Brändström-Straße

Köln
N
0
200 m
Leverkusen
Bonn
Rhein
Media-Park
Hansaring
Christoph-str.
Kaiser-Wilhelm-Ring
Hansa-pl.
Kyotostr.
Victoriastr.
Ursulastr.
St. Ursula
Ursulapl.
Eigelstein
Turiner Str.
Maximin-str.
Machabäer
Dagobert-
Breslauer Pl.
Breslauer Platz
Goldgasse
Jakordenhs.
Johannis-haus
Konrad-Adenauer-Ufer
Trankgasse
Kunibertsgasse
Hauptpost
Haupt-bahnhof
Hauptbhf.
Bahnh.-vorpl.
Dom/Hbf.
Dom
Am Domhof
Komödien-str.
St. Gereon
Gereonshof
Gereonsdriesch
Gereonstr.
Börsen-platz
Apellhofpl. Zeughaus
Zeughausstr.
Reg. Präs.
Stadtgarten
Im Klapperhof
Friesen-str.
Magnus-str.
Amts-ger.
Museum für angewandte Kunst
Röm.-Germ. Mus.
Museum Ludwig Philharmonie
Hohenzollern-brücke
Frankenwerft
Appellhofpl. Breite Str.
Breite Str.
Madonna in den Trümmern
Minoriten-str.
Wallraf-platz
Am Hof
Hohe Str.
Glockeng.
Oper
Schauspiel-haus
Dischhaus
Brückenstr.
Rathaus
Alter Markt
Groß St. Martin
Wallraf-Richartz-Museum & Fondation Corboud
Heu-markt
Gürzenich
Heumarkt
Deutzer Brücke
St. Aposteln
Amerika-Haus
Neumarkt
Hahnen-str.
Antoniter-kirche
Schildergasse
Cäcilien-str.
Stadthaus
Augustinerstr.
Schnütgen-Museum
Rautenstrauch-Joest-Museum
St. Maria
Rheing.
Marien-platz
Am Leystapel
Rudolfplatz
Mauritius-kirchpl.
Bayardsg.
Leonh.-Tietz-Str.
Sterneng.
Agrippa-str.
Agrippabad
Mühlenbach
Filzengraben
Malakoff-turm
Imhoff-Schokoladen-museum
Deutsches Sport & Olympia-Museum
Waidmarkt
St. Georg
Georgs-platz
Hist. Archiv
Nord-Süd-Fahrt
Tel-Aviv-Str.
Poststr.
Blaubach
Rheinaustr.
Holzmarkt
Severinsbrücke
Zülpicher Platz
Weyerstr.
Neue Weyerstr.
Rothgerberbach
Perlengraben
Kloster St. Pantaleon
Barbarossa-platz
Pantaleonswall
Salierring
Severinstr.
Karl-Berbuer-Platz
Rheinauhafen
Landsbergstr.
Sachsen-ring
Ulrichgasse
Kartäuser-kloster
Ulrepforte
Kartäuserwall
Bayenstr.
Zollamt
Hafenamt
Am Bayenturm
St. Severin
Eifel-platz
Volks-garten
Volksgartenstr.
Vorgebirgswall
Karolinger-ring
Chlodwig-platz
Ubierring
Merowinger-
M.-Luther-K.
Römer-park
Brühl
Vorgebirgsstr.

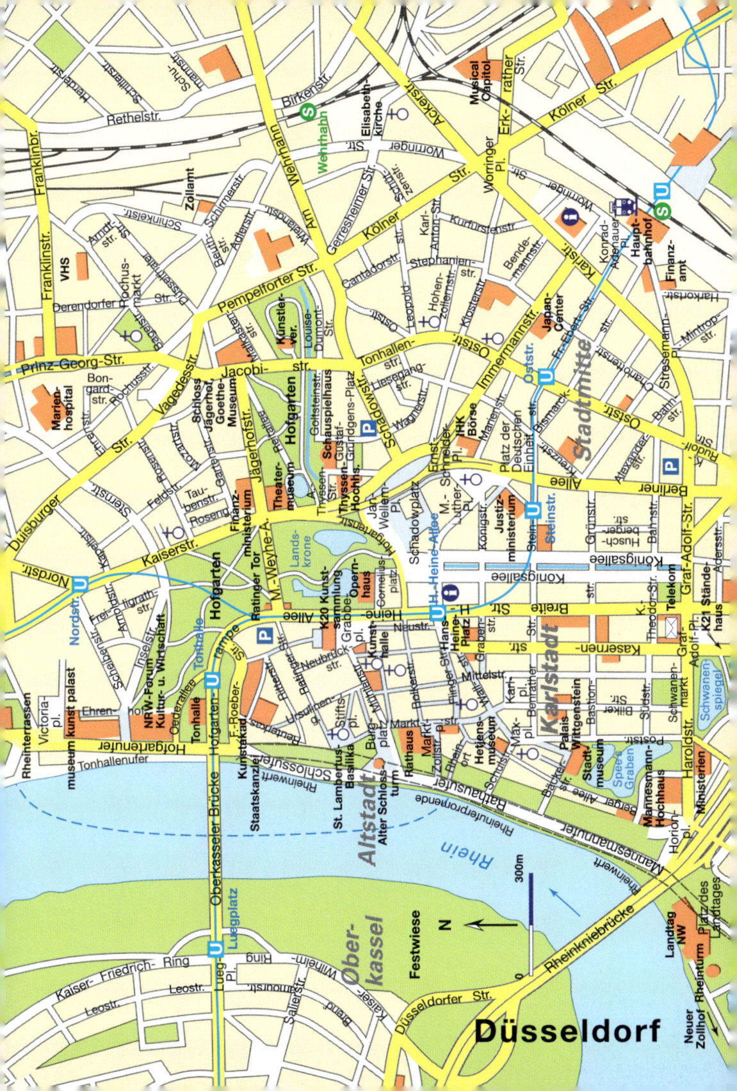

Düsseldorf
Altstadt
Karlstadt
Stadtmitte
Ober-kassel
Rhein
Festwiese
N
300m
0
Hofgarten
Landskrone
Schadowplatz
Königsallee
Heinrich-Heine-Allee
Kaiserstr.
Berliner Allee
Graf-Adolf-Str.
Kölner Str.
Pempelforter Str.
Prinz-Georg-Str.
Jacobistr.
Duisburger Str.
Nordstr.
Oststr.
Immermannstr.
Hauptbahnhof
Konrad-Adenauer-Pl.
Worringer Pl.
Oberkasseler Brücke
Rheinkniebrücke
Luegplatz
Kaiser-Friedrich-Ring
Düsseldorfer Str.
Rheinuferpromenade
Mannesmannufer
Rathausufer
Tonhallenufer
Hofgartenufer
Tonhalle
NRW-Forum Kultur u. Wirtschaft
museum kunst palast
Rheinterrassen
Kunsthalle
K20 Kunstsammlung
K21 Ständehaus
Opernhaus
Schauspielhaus
Theatermuseum
Schloss Jägerhof, Goethe-Museum
Finanzministerium
Justizministerium
Ministerien
Landtag NW
Neuer Zollhof
Rheinturm
Rathaus
Markt
St. Lambertus-Basilika
Alter Schlossturm
Hetjensmuseum
Palais Wittgenstein
Stadtmuseum
Spee'scher Graben
Schwanenspiegel
Mannesmann-Hochhaus
Telekom
Japan-Center
IHK Börse
Marienhospital
VHS
Zollamt
Musical Capitol
Elisabethkirche
Künstlerver.
Ratinger Tor
Wehrhahn

Westerpark
Noorder-
kerk
v.Hallstr.
Groothandels-
markt
Visseringstr.
Bilderdijkkade
Vaart
kade
Marnixstraat
Westerstraat
Jordaan
Prinsen-
gracht
Brouwersgracht
Anjeliersstraat
Tuinstraat
Prinsen-
str.
Heren-
str.
gracht
G.v.Ledenberchstr.
F.Hendrikstraat
Oldenbarneveldtstr.
Nassau-
Singel-
gracht
Lijnbaansgracht
Egelantiersgracht
Amsterdam
Tulip Museum
Anne-Frank-Huis
Keizers-
Heren-
Singel
Spuistraat
Voorburgwal
2e H.d.Grootstr.
Kostverloren
Bloemgracht
Westerkerk
Nieuwe
Kerk
Raadhuisstraat
Koninklijk
Paleis
Oud-West
Rozengracht
Rozenstr.
Laurierstr.
Ree-
str.
Harten-
str.
Madame
Tussauds
Amsterdam
Ruijter-
weg
de Clercqstraat
Lijnbaansgracht
Marnix-
Lauriergracht
Singel
Spuistraat
Nieuwe-
zijds
Kalverstraat
Bilderdijk-
gracht
Da
Costagr.
Da
Costa-
str.
Singel-
Elandsstr.
Beren-
str.
Wolven-
str.
Amsterdam
Museum
Elandsgracht
Woonbootmuseum
Begijnhof
Binneng
Bilderdijkstr.
Run-
str.
Huiden-
str.
Spui
Allard Pierson
Museum
J.Hanzen-
str.
Loolersgr.
Bijbels
Museum
Singel
Nassau-
straat
Koningsplein
Kinkerstr.
straat
Passeerders-
gracht
Munt
Bloemenmarkt
ten
Kate
Kinkerstraat
1e
Lennep-
Constantijn
kanaal
Toussaint-
straat
kade
Leidsegracht
Heren-
gracht
Jacob
van
Katestr.
Lennep-
Lange
Leidsestraat
Kerkstraat
Keizers-
Nicolaas
Jacob
van
gracht
Leidse-
plein
Leidse-
Prinsen-
gracht
straat
Stadsschouw-
burg
American Hotel
Overtoom
Beetsstr.
str.
Dwarsstr.
Kerkstraat
Stad-
Lijnbaans-
gracht
Helmers-
Vondel-
Roemer
Visscher-
str.
Hollandsche
Manege
Wetering-
Den Haag
Vondelstr.
Hobbema-
houders-
gracht
Vijzelgracht
Eye Film Institut
Nederland
Huygensstraat 1e
P.C.Hooftstr.
Diamant
Museum
Rijksmuseum
Vondelpark
J.Luijkenstr.
str.
kade
Wetering-
plantsoen
House of Bols
P.Potterstraat
Van Gogh
Museum
str.
straat
Stedelijk
Museum
Museum-
plein
Vermeerstr.
Hobbema kade
Stadhouders-
weg
Van Baerlestraat
Heineken
Experience
Eeghen-
Breestraat
Museum-
F.Halsstraat
Quellijnstraat
park-
Van
Van
Willems-
Concertgebouw
Joh.
Daniel
Stalpertstraat
Oud-Zuid

Amsterdam
Het IJ
IJ-Tunnel
Hoorn, Afsluitdijk
Javakade
IJhaven
Amsterdam Centraal Station
Amsterdam Centraalstation
VVV Tourist Office
de Ruijterkade
Muziekgebouw aan't IJ
Bimhuis
Passenger Terminal Amsterdam
Piet
N
Oostelijke
Heinkade
Dijks-gracht
0
500 m
Prins
Hendrikkade
Damrak
Nieuwendijk
Museum Ons' Lieve Heer op Solder
St.-Nicolaaskerk
Schreierstoren
Oosterdokskade
Openbare Bibliotheek Amsterdam
Beurs van Berlage
Zeedijk
Geldersekade
Oude Kerk
Voorburgwal
Centrum
Oosterdok
NEMO Science Center
Binnenkant
De Waag
Oude Waal
Recht Boomssloot
Nieuwmarkt
Montelbaanstoren
Museumhaven
Het Scheepvaart-museum
Kattenburgerstr.
Oudezijds Achterburgwal
Oude Hoogstr.
Oost-Indisch Huis
Oude Schans
Nieuwe Uilenburgerstraat
ARCAM
Hendrikkade
Kattenburger Gracht
Gr. Wittenburgerstr.
Zuiderkerk
Nieuwe Vaart
Wittenburger Gracht
Rembrandthuis
Mozes en Aäronkerk
Valkenburgerstr.
Kloveniersburgwal
Stadhuis Stopera Muziektheater
Mr. Visserplein
Rapenburgerstraat
Wertheimpark
Nationaal Vakbondsmuseum
Hoogte Kadijk
Entrepotdok
Waterlooplein
Muiderstr.
Herengr.
Henri Polaklaan
Verzetsmuseum
Planetarium
Amstel
Waterlooplein
Portugees-Israëlitische Synagoge
Hortus Botanicus
Geologisch Museum
Entrepotdok
Joods Historisch Museum
Blauwbrug
Rembrandtplein
Plantage Middenlaan
Natura
Artis
Plantage Doklaan
Amstelhof
Nieuwe
Museum Willet-Holthuysen
Hermitage Amsterdam
Plantage Muidergracht
Magistra
Aquarium
Tassenmuseum Hendrikje
Keizersgr.
Nieuwe
Weesperstr.
Kerkstraat
Dr. Sarphatihuis
Roeterstr.
Utrechtsestraat
Sarphatistraat
Nieuwe
Prinsengracht
Magere Brug
Alexanderplein
Nieuwe
Achtergracht
Universiteit van Amsterdam
straat
Kerk-
Tropenmuseum
Theater Carré
Nieuwe
Diamantbeurs
Reguliersgracht
dwarsstraat
Utrechtsestraat
Sarphati-
gracht
kade
Zoölogisch Museum
Weesperplein
Mauritskade
Oost
Singel-
Frederiksplein
Sarphatistr.
A. Bonnstr.
S. Gravesandeplein
Gravesandestr.
Oosterpark
Huidekoperstraat
Westeinde
Oosteinde
Toronto-brug
Mauritskade
Wibautstraat
1e Oosterparkstraat
Singelgracht
kade
Weesperzijde
Tilanusstraat
Amstel
Beukenweg
Amsteldijk
Ruyschstraat
Blasiusstraat
parkstraat
2e Oosterpark-
3e Oosterpark-
Vrolikstraat
Populierenweg
Doustraat
Albert Cuypstraat
Van Woustraat
Hemonystr.
Sarphatipark
1e Oosterparkstraat
Muiden, Amersfoort

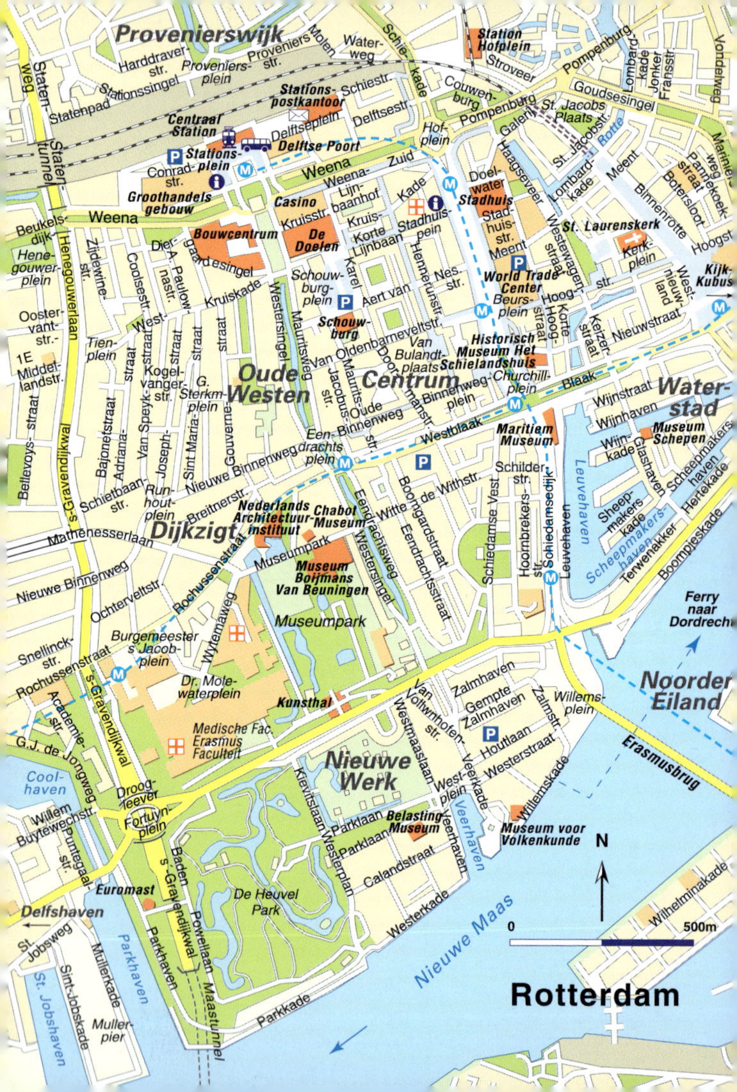
Rotterdam
Provenierswijk
Centraal Station
Stationspostkantoor
Station Hofplein
Stationsplein
Delftse Poort
Groothandelsgebouw
Casino
Bouwcentrum
De Doelen
Stadhuis
St. Laurenskerk
World Trade Center
Schouwburg
Historisch Museum Het Schielandshuis
Oude Westen
Centrum
Waterstad
Maritiem Museum
Museum Schepen
Kijk-Kubus
Dijkzigt
Nederlands Architectuur-instituut
Chabot Museum
Museum Boijmans Van Beuningen
Museumpark
Kunsthal
Medische Fac. Erasmus Faculteit
Nieuwe Werk
Belasting Museum
Museum voor Volkenkunde
Euromast
De Heuvel Park
Delfshaven
Noorder Eiland
Erasmusbrug
Ferry naar Dordrecht
Nieuwe Maas
Coolhaven
Parkhaven
St. Jobshaven
Leuvehaven
Veerhaven
Scheepmakershaven
Maastunnel
Weena
Westblaak
Nieuwe Binnenweg
Mathenesserlaan
Westersingel
Coolsingel
Lijnbaan
Blaak
Boompjeskade
Westerkade
Parkkade
Willemsplein
N
0
500m

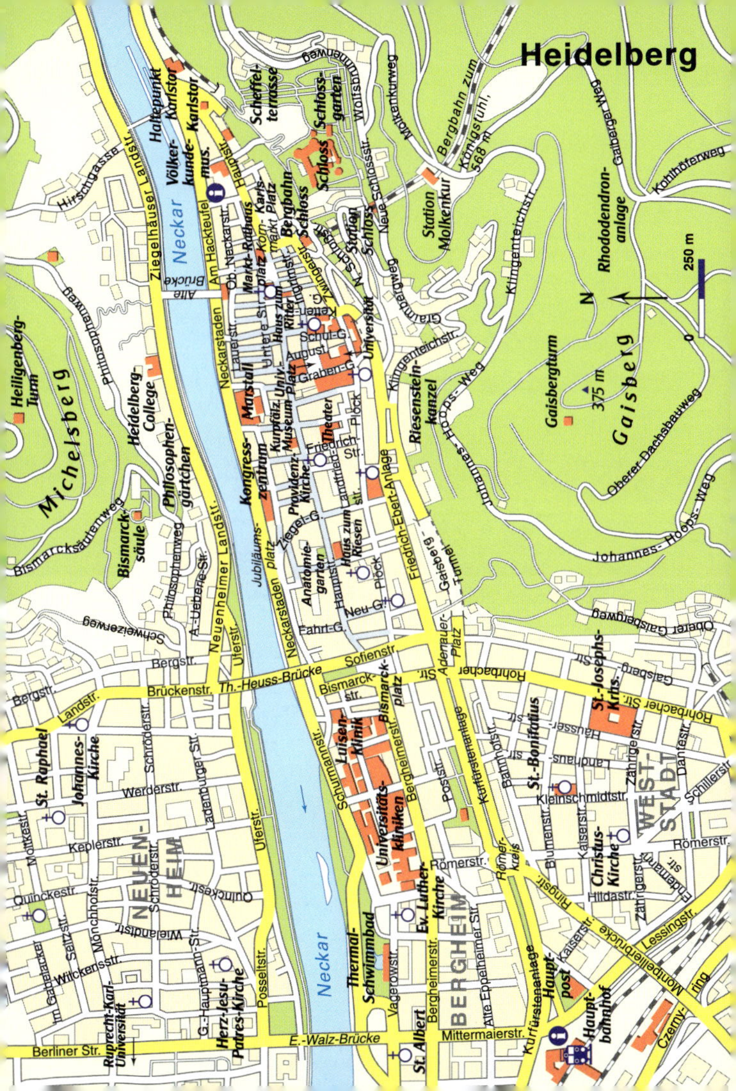

Heidelberg
Neckar
Alte Brücke
Karlstor
Haltepunkt Karlstor
Völkerkunde-mus.
Scheffelterrasse
Schlossgarten
Schloss
Bergbahn Schloss
Station Schloss
Station Molkenkur
Bergbahn zum Königstuhl, 568 m
Molkenkurweg
Gaisberger Weg
Kohlhoferweg
Rhododendronanlage
250 m
N
Klingenteichstr.
Gaisbergturm
375 m
Gaisberg
Oberer Dachsbauweg
Johannes-Hoops-Weg
Oberer Gaisbergweg
Riesensteinkanzel
Friedrich-Ebert-Anlage
Gaisberg Tunnel
Adenauer-Platz
Rohrbacher Str.
St.-Josephs-Krhs.
Hausser-Str.
Landhaus-Str.
St.-Bonifatius
Kleinschmidtstr.
WEST-STADT
Römerstr.
Christus-Kirche
Hildastr.
Zähringerstr.
Dantestr.
Schillerstr.
Ringstr.
Lessingstr.
Montpellierbrücke
Czerny-ring
Hauptbahnhof
Hauptpost
Kurfürstenanlage
Römerkreis
Bahnhofstr.
Poststr.
Bergheimerstr.
BERGHEIM
Alte Eppelheimer Str.
Mittermaierstr.
St. Albert
Vangerowstr.
Ev. Luther-Kirche
Thermal-Schwimmbad
Universitäts-kliniken
Luisen-klinik
Bismarckplatz
Bismarckstr.
Sofienstr.
Schurmannstr.
Th.-Heuss-Brücke
E.-Walz-Brücke
Berliner Str.
Ruprecht-Karl-Universität
Herz-Jesu-Patres-Kirche
Posseltstr.
Uferstr.
G.-Hauptmann-Str.
Wilckensstr.
Mönchhofstr.
Seitzstr.
Im Gabelacker
Quinckestr.
Wielandtstr.
NEUENHEIM
Schröderstr.
Kepplerstr.
Mottkestr.
Werderstr.
Ladenburger Str.
St. Raphael
Johannes-Kirche
Brückenstr.
Bergstr.
Landstr.
Schweizerweg
A.-Ueberle-Str.
Neuenheimer Landstr.
Philosophenweg
Bismarcksäulenweg
Bismarcksäule
Philosophengärtchen
Heidelberg-College
Heiligenberg-Turm
Michelsberg
Hirschgasse
Ziegelhäuser Landstr.
Am Hackteufel
Neckarstaden
Jubiläumsplatz
Kongresszentrum
Marstall
Kurpfälz. Museum
Providenz-Kirche
Anatomiegarten
Haus zum Riesen
Theater
Univ.-Platz
Universität
Graben-G.
Schul-G.
August
Ketten-G.
Haus zum Ritter
Markt-Rathaus
Kornmarkt
Karlsplatz
Hauptstr.
Ob. Neckarstr.
Untere Str.
Lauerstr.
Ziegel-G.
Plöck
Landfried-Str.
Friedrich-Str.
Neu-G.
Fahrt-G.
Zwingerstr.
Neue Schlossstr.
Schlossberg
Klingenteichstr.
Friesenberg
Wolfsbrunnenweg
Burgweg

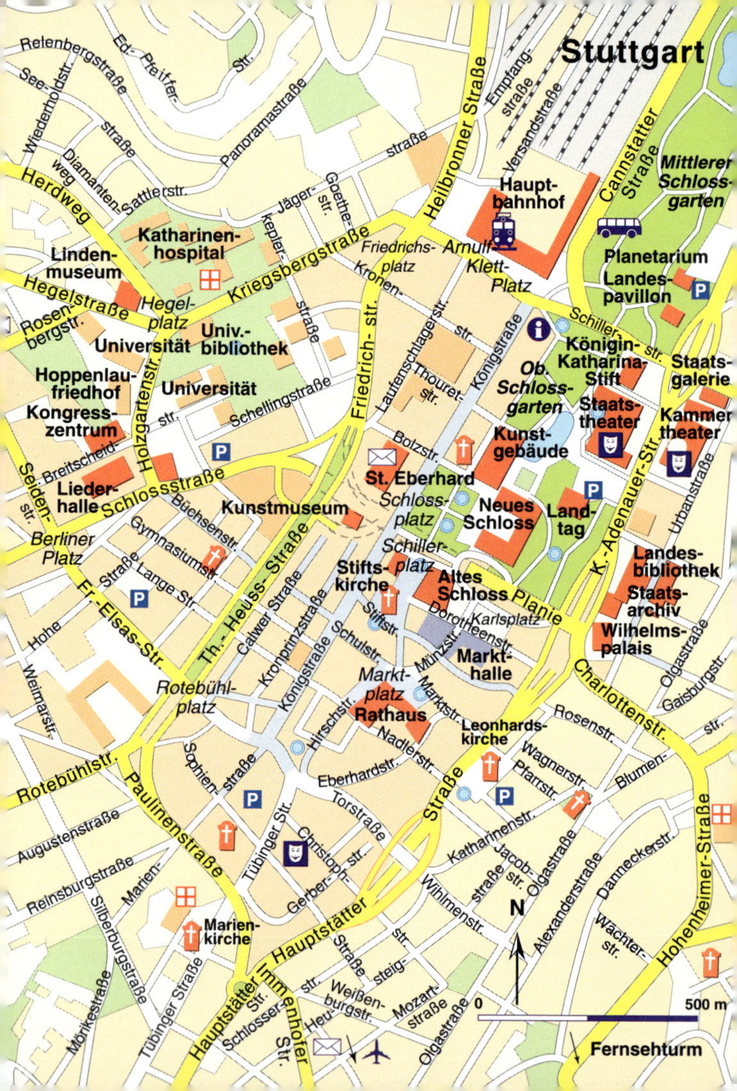
Stuttgart
Hauptbahnhof
Mittlerer Schlossgarten
Planetarium
Landespavillon
Katharinenhospital
Lindenmuseum
Universität
Univ.-bibliothek
Universität
Hoppenlaufriedhof
Kongresszentrum
Liederhalle
Kunstmuseum
St. Eberhard
Schlossplatz
Neues Schloss
Landtag
Königin-Katharina-Stift
Staatsgalerie
Staatstheater
Kammertheater
Kunstgebäude
Ob. Schlossgarten
Stiftskirche
Schillerplatz
Altes Schloss
Karlsplatz
Markthalle
Marktplatz
Rathaus
Leonhardskirche
Landesbibliothek
Staatsarchiv
Wilhelmspalais
Marienkirche
Berliner Platz
Rotebühlplatz
Hegelplatz
Friedrichsplatz
Arnulf-Klett-Platz
Fernsehturm
N
0
500 m
Heilbronner Straße
Cannstatter Straße
Kriegsbergstraße
Herdweg
Hegelstraße
Schlossstraße
Th.-Heuss-Straße
Fr.-Elsas-Str.
Paulinenstraße
Rotebühlstr.
Hauptstätter Str.
Charlottenstr.
Hohenheimer-Straße
K.-Adenauer-Str.
Königstraße
Friedrich-str.
Planie
Olgastraße
Immenhofer Str.

Frankfurt am Main
Nordend
Westend
Sachsenhausen
Gallus-viertel
Main
Zeil
Friedberger Anlage
Friedberger Landstraße
Seilerstr.
Bleichstraße
Eschenheimer Anlage
Eschenheimer Turm
Eschersheimer Landstr.
Eckenheimer
Oeder Weg
Reuterweg
Bockenheimer Landstr.
Bockenheimer Anlage
Alte Oper
Opernplatz
Börse
Hauptwache
Katharinenk.
Kaiserstr.
Neue Mainzer Str.
Mainzer Landstraße
Taunusanlage
Gallusanlage
Junghof-
Commerz-bank Tower
Goethe-haus/ museum
Paulsk.
Dom
Römer
Römerberg
Hist. Museum
Kl. Markt-halle
Schirn
Kurt-Schumacher-Straße
Lange Straße
Hosp. z. hlg. Geist
Obermain-anlage
Flößer-brücke
Ignatz-Bubis-Brücke
Alte Brücke
Eiserner Steg
Untermain-brücke
Friedens-brücke
Untermain-anlage
Jüdisches Museum
Städt. Bühnen
W.-Brandt-Platz
Museumsufer
Museum für Angewandte Kunst
Museum der Weltkulturen
Filmmuseum
Architektur-museum
Postmuseum
Städel Museum
Deutschherrn-ufer
Sachsenhäuser Ufer
Deutsch-ordenshaus
Walter-Kolb-Str.
Schweizer Straße
Dreieichstraße
Hauptbahnhof
Düsseldorfer Str.
Platz der Republik
Polizei-präs.
Behörden-zentrum
Baseler Str.
Gutleutstr.
Windmühl-str.
Fr.-Ebert-Anlage
Messeturm
Festhalle
Congress-center
Messe und Ausstellungsgelände
Ludwig-Erhard-Anlage
Th.-Heuss-Allee
Hamburger Allee
Europa-Allee
Den Haager Straße
Osloer Straße
Brüsseler Straße
Senckenberg Naturhist.-Museum
Stadt-u. Univ. Bibliothek
Hochsch. f. Erziehung
Zeppelinallee
Palmen-garten
Palmen-haus
Siesmayerstr.
Röm. Germ. Kom. d. Deut. Archäolog. Inst.
Hochschule f. Musik u. Darst. Kunst
Frankfurter Schule für Bekl. u. Mode
Arbeits-amt
Westendstr.
Hafenstr.
Hauptzollamt
Güterplatz
Mainzer Landstr.
Galluswarte
300 m
0
N

Hauptbahnhof
Bahnhof-platz
Bismarckstraße
Ringpark
Kilians-brunnen
Haugerglacisstraße
Röntgen-Haus
Haugerring
Röntgenring
Kaiser-platz
Franz-von-Rinecker-Weg
Marcusstr.
Wallgasse
Congress-Centrum
Julius-spital
Stift Haug
Berliner Platz
Koellikerstraße
Pleicher-tor-straße
Klinkstr.
Kaiserstraße
Bahnhofstraße
Heinestraße
Neutorstraße
Theresienstr.
St. Gertraud
Barbarossa-platz
Gerberstr.
Kranenkai
Juliuspromenade
Semmelstraße
Kartause
Ludwigstraße
Eichstraße
Rennweger Ring
Innerer Graben
Schönbornstraße
Kolpingstr.
Oberturmstraße
Theaterstraße
Augustiner-kirche
Bürgerspital zum Hl. Geist
Julianum
Alter Kranen
Haus des Frankenweins
Bronnbachergasse
Falkenhaus
Marien-kapelle
Eichhofstraße
Spiegelstr.
Ludwigstraße
Mainfranken Theater
Kapuzinerstraße
Hofstallstraße
St. Johannis
Karmelitenstraße
Marktg.
Markt-platz
Rückermainstr.
Martin-str.
Herrnstr.
Kardinal-Döpfner-Platz
Kardinal-Faulhaber-Platz
Hochschule für Musik
Rosenbach-park
Husarenstraße
Mainkai
Neumünster
Kürschnerhof
Maxstr.
Husaren-wäldchen
Alte Mainbrücke
Altes Rathaus
Museum am Dom
Parade-platz
Hofstraße
Rennweg
Residenz-platz
Rennweg
Domstraße
Stern-platz
Plattnerstraße
Dom
St. Kilian
Hochschule für Musik
Residenz
Martin-von-Wagner-Museum
Wolfhartsg.
Theresienklinik
Balthasar-Neumann-Promenade
Schleuse
Oberer Mainkai
Augustinerstraße
Domer-schulstr.
Bibrastr.
Hofkirche
Gesandtenbau
Franziskaner-kirche, -kloster
Franziskanerplatz
Domerschulstr.
Schön-thalstr.
Hofgarten
Park Klein-Nizza
Goethestraße
St. Michael
ALTSTADT
Wirsbergstr.
Neubaustr.
Neubau-kirche
Neubaustr.
Johannitergasse
Stephanstr.
St. Peter
Ottostraße
Sander-
Peterstr.
St. Stephan
Main
Reibeltgasse
Regierung von Unterfranken
Sanderring
Ebert-Ring
Süd-bahnhof
Rosengasse
Karmelitenkirche, -kloster
Geschw.-Scholl-platz
Internationales Haus
Willy-Brandt-Kai
Korngasse
Münzstr.
Zwinger
Friedrich-
Friedenstraße
Julius-Maximilians-Universität
Sieboldstraße
Landwehr-Straße
Ringpark
N
Tiepolostraße
Festung Marienberg
str.
Sanderring
Friedrich-Ebert-Ring
Schillerstraße
Stadtring Süd
Ludwigsbrücke
Sanderring
Sophienstraße
Sanderglacisstraße
Exerzierplatz
Weingartenstraße
Friedenstraße
0
400 m
Ludwigkai
Huttenstraße
Wirchowstraße
St. Adalbero
Würzburg

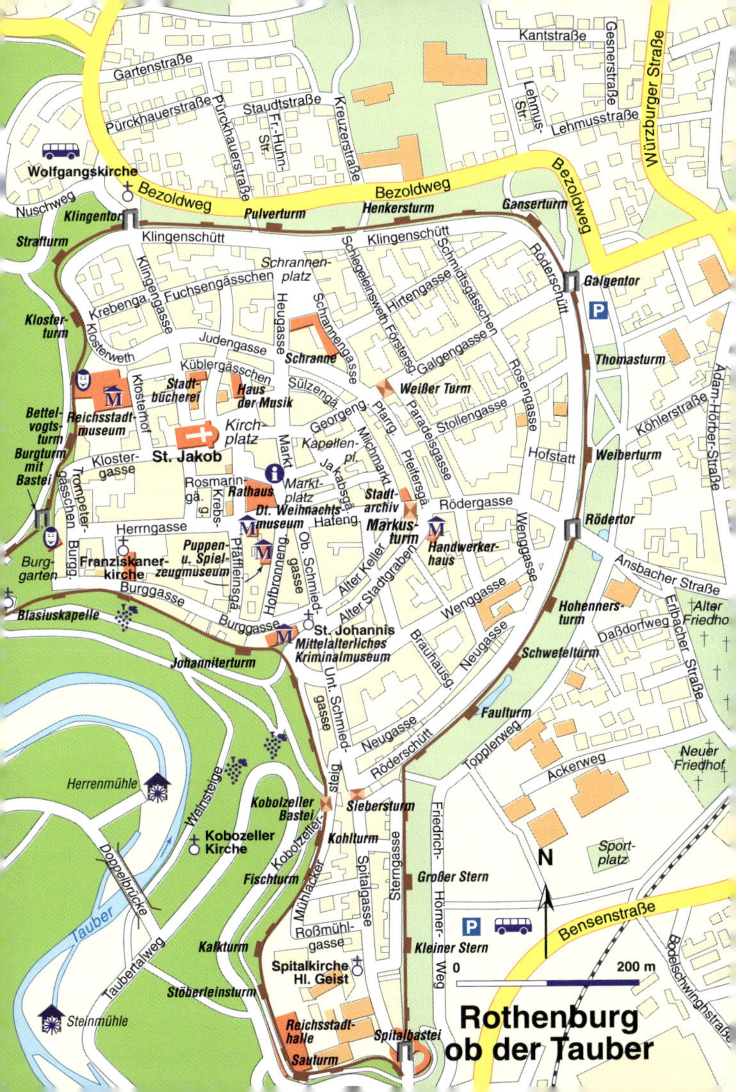
Rothenburg ob der Tauber
Wolfgangskirche
Bezoldweg
Pulverturm
Henkersturm
Gansertturm
Klingentor
Strafturm
Klosterturm
Galgentor
Thomasturm
Weißer Turm
Weiberturm
Rödertor
Hohennersturm
Schwefelturm
Faulturm
Markusturm
Stadtarchiv
Rathaus
St. Jakob
Reichsstadtmuseum
Stadtbücherei
Haus der Musik
Schranne
Dt. Weihnachtsmuseum
Puppen- u. Spielzeugmuseum
Franziskanerkirche
Handwerkerhaus
St. Johannis
Mittelalterliches Kriminalmuseum
Blasiuskapelle
Burggarten
Burgturm mit Bastei
Bettelvogtsturm
Johanniterturm
Kobolzeller Bastei
Siebersturm
Kohlturm
Fischturm
Kalkturm
Stöberleinsturm
Spitalkirche Hl. Geist
Reichsstadthalle
Sauturm
Spitalbastei
Großer Stern
Kleiner Stern
Kobozeller Kirche
Herrenmühle
Steinmühle
Doppelbrücke
Tauber
Taubertalweg
Weinsteige
Kantstraße
Gesnerstraße
Lehmusstraße
Würzburger Straße
Gartenstraße
Pürckhauerstraße
Staudtstraße
Fr.-Huhn-Str.
Kreuzerstraße
Nuschweg
Klingenschütt
Schrannenplatz
Fuchsengässchen
Krebengasse
Klingengasse
Heugasse
Schrannengasse
Schlegeleinsweth
Hirtengasse
Schmidtsgässchen
Rödersc hütt
Judengasse
Klosterweth
Küblergässchen
Sülzengä.
Förstersg.
Galgengasse
Rosengasse
Klosterhof
Kirchplatz
Georgeng.
Pfarrg.
Paradeisgasse
Stollengasse
Kapellenpl.
Klostergasse
Markt
Jakobsgä.
Milchmarkt
Pfeifersgä.
Hofstatt
Köhlerstraße
Adam-Hörber-Straße
Trompetergässchen
Rosmaringä.
Krebsg.
Marktplatz
Rödergasse
Herrngasse
Hafeng.
Wenggasse
Pfäffleinsgä.
Hofbronneng.
Ob. Schmiedgasse
Alter Keller
Alter Stadtgraben
Ansbacher Straße
Burggasse
Burgg.
Wenggasse
Neugasse
Brauhausg.
Daßdorfweg
Erlbacher Straße
Alter Friedho
Unt. Schmiedgasse
Neugasse
Röderschütt
Topplerweg
Ackerweg
Neuer Friedhof
Sportplatz
Steig
Kobolzeller Steig
Mühlacker
Spitalgasse
Sterngasse
Friedrich-Hörner-Weg
Roßmühlgasse
Bensenstraße
Bodelschwinghstraße
N
0
200 m

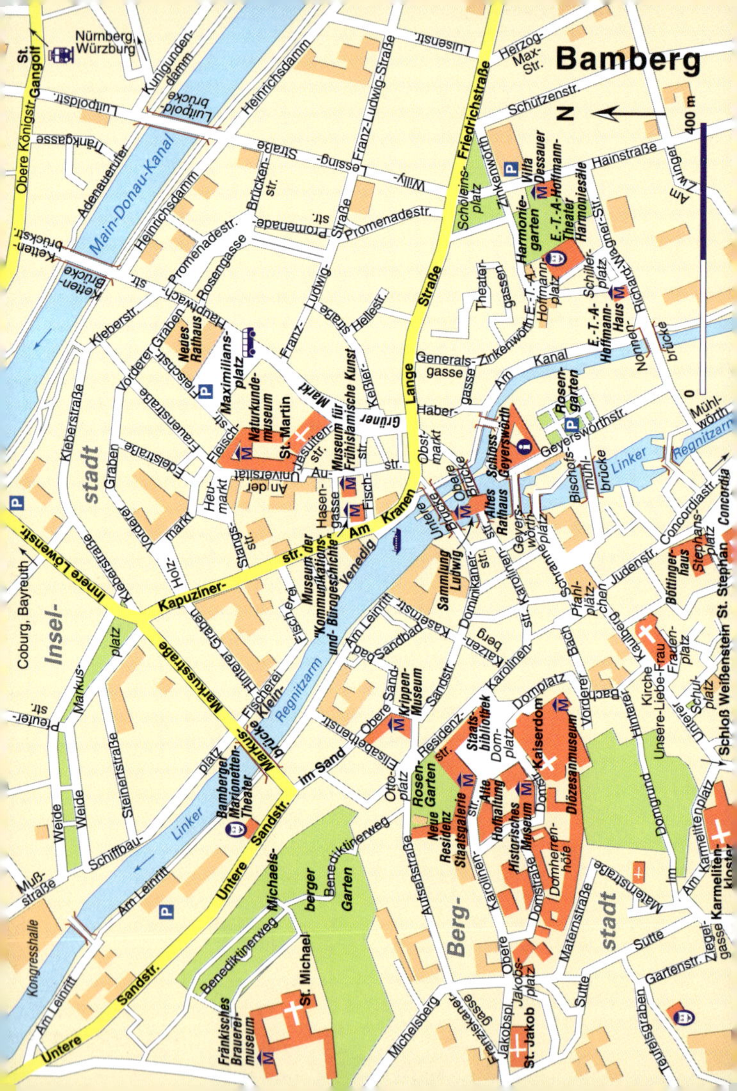

Bamberg
N
400 m
0
Nürnberg, Würzburg
Coburg, Bayreuth
Obere Königstr.
St. Gangolf
Luitpoldstr.
Luitpoldbrücke
Kunigundendamm
Heinrichsdamm
Franz-Ludwig-Straße
Luisenstr.
Herzog-Max-Str.
Schützenstr.
Friedrichstraße
Lange Straße
Hainstraße
Am Zwinger
Main-Donau-Kanal
Fränkgasse
Adenauerufer
Kettenbrückstr.
Kettenbrücke
Lessingstraße
Willy-Lessing-Straße
Brückenstr.
Promenadestr.
Promenade
Rosengasse
Hauptwachstr.
Kleberstr.
Kleberstraße
Neues Rathaus
Maximiliansplatz
Vorderer Graben
Fleischstr.
Franz-Ludwig-Straße
Hellerstr.
Keßlerstr.
Grüner Markt
Naturkundemuseum
St. Martin
Jesuitenstr.
Museum für Frühislamische Kunst
Fischstr.
Frauenstraße
Edelstraße
Universität
An der Universität
Heumarkt
Holzmarkt
Stangsstr.
Hasengasse
Am Kranen
Kapuzinerstr.
Museum der „Kommunikations- und Bürogeschichte"
Venedig
Fischerei
Innere Löwenstr.
Inselstadt
Markusplatz
Markusstraße
Markusbrücke
Hinterer Graben
Pfeuferstr.
Steinertstraße
Weide
Schiffbaustr.
Mußstraße
Bamberger Marionetten-Theater
Linker Regnitzarm
Regnitzarm
Untere Sandstr.
Am Leinritt
Kongresshalle
Michaelsberger Garten
Benediktinerweg
St. Michael
Fränkisches Brauerei-museum
Schönleinsplatz
Zinkenwörth
Villa Dessauer
Harmoniegarten
E.-T.-A.-Hoffmann-Theater
Harmoniesäle
E.-T.-A.-Hoffmann-Platz
Schillerplatz
Richard-Wagner-Str.
E.-T.-A.-Hoffmann-Haus
Theatergassen
Generalsgasse
Am Kanal
Nonnenbrücke
Habergasse
Obstmarkt
Rosengarten
Schloss Geyerswörth
Geyerswörthstr.
Geyerswörthplatz
Obere Brücke
Untere Brücke
Altes Rathaus
Linker Regnitzarm
Bischofsmühlbrücke
Mühlwörth
Concordiastr.
Concordia
Sammlung Ludwig
Dominikanerstr.
Karolinenstr.
Schranne
Pfahlplätzchen
Judenstr.
Böttingerhaus
Stephansplatz
St. Stephan
Kasernstr.
Sandbad
Katzenberg
Kaulberg
Frauenplatz
Obere Sandstr.
Krippen-Museum
Sandstr.
Elisabethenstr.
im Sand
Residenzstr.
Staatsbibliothek
Domplatz
Kaiserdom
Diözesanmuseum
Vorderer Bach
Hinterer Bach
Kirche Unsere-Liebe-Frau
Schulplatz
Unterer Kaulberg
Schloß Weißenstein
Otto-platz
Rosengarten
Neue Residenz
Staatsgalerie
Alte Hofhaltung
Historisches Museum
Domstr.
Domherrenhöfe
Domgrund
Karmelitenplatz
Am Karmelitenkloster
Aufseßstraße
Karolinenstr.
Bergstadt
Maternstraße
Sutte
Ziegelgasse
Gartenstr.
Obere Jakobsplatz
Jakobspl.
St. Jakob
Michelsberg
Franziskanergasse
Teufelsgraben

N
0
120 m
Vestnertorgraben
Tiergärtner-tor
Kaiserburg
Walpurgis-kapelle
Kaiser-kapelle
Am Ölberg
U. Söldnersg.
Universität Erlangen-Nürnberg
Sieben Zeilen
Tucher-schloss
Webersp.
Neutorgraben
Neutormauer
Neutor
Dürer-haus
Albrecht-Dürer-Str.
Ob. Krämersg.
Stadtmuseum Fembohaus
Burgstraße
Schildgasse
Tetzelgasse
Stöpselg.
Egidienpl.
St. Egidien
Äußere Laufer G.
Lammsg.
Albrecht-Dürer-Pl.
Theresienstr.
Theresien-pl.
Innere Laufer G.
Geiersberg
Irrerstr.
Weißgerberg.
St. Sebaldus
Altes Rathaus
Fünfer-pl.
Binderg.
Juden-gasse
Haller-tor
Spielzeug-museum
Karlstr.
Schulg.
Rath.-pl.
Martin-
Heug.
Treu-Str.
Rotschmiedsg.
U. Talg.
Grübelstr.
Max-pl.
Weintrau-beng.
Augusti-nerstr.
Waag-g.
Hauptmarkt
Frauenkirche
Tucherstr.
Sacharow-Pl.
Nägeleins-pl.
Maxbrücke
Trödel-markt
Karlsbrücke
Zw. d. Fleischb.
Fleischbrücke
Museumsbrücke
Hans-Sachsg.
Neue Gasse
Hoher Steg
Spitalg.
Spitalbr.
Heubr.
Henker-steg
Unschlitt-pl.
Pegnitz
Heiliggeist-spital
Schütt
Ob. Wörthstr.
Kaiserstr.
Findel-gasse
Bergauer-pl.
Ledergasse
Adlerstr.
Bankg.
Pfarrg.
Marientormauer
Josephs-pl.
Vordere Lederg.
U
St. Lorenz
P.-Vischer-Str.
Katharineng.
Marientorgr.
Hefners-pl.
Karolinenstr.
Lorenzer Platz
Ludwigs-pl.
Heideng.
Königstr.
Nassauer Haus
Brunnengasse
Wolfeng.
Lorenzer Str.
Breite Gasse
Pfannen-schmiedsg.
Marientor
Fraueng.
Theaterg.
Johannesg.
Königstormauer
Schumacher-Str.
Hallplatz
Gleissbühl Str.
Färberstr.
Jacobstr.
Kornmarkt
Peuntgasse
Königstorgr.
Klaragasse
Kartäuserg.
Germanisches Nationalmuseum
St. Klara
St. Martha
Luitpoldstr.
Kolpinggasse
Grasersg.
Vord. Sterng.
Klarissen-pl.
Neues Museum
Königs-tor
Färber-tor
P
Frauentormauer
Kartäuser-tor
Stern-tor
Bahnhof Str.
Frauentor-graben
Bahnhofs-platz
Justizpalast
R.-Wagner-Platz
Weiden-kellerstr.
Lessingstr.
Oper
Tafelhofstr.
Unterführung
Celtis
Hauptbahnhof
Zeltnerstr.
Verkehrs-museum DB Museum
Kammer-spiele
Eilgutstr.
Sandstr.
Nürnberg

Regensburg
Donau
Walhalla
Steinerne Brücke
Brückturm
Salzstadel
Historische Wurstküche
Donau-Schiffahrts-Museum
Eiserne Brücke
Wöhrdstr.
Werftstraße
Thundorferstraße
Weiße-Lamm-Gasse
Goldene-Bären-Straße
Am Wiedfang
Fischmarkt
Weinlände
Keplerstraße
Kepler-Gedächtnishaus
Am Weinmarkt
St. Oswald-Kirche
Weißgerbergraben
Zur Schönen Gelegenheit
Engelburgergasse
Zandtengasse
Zum Goldenen Kreuz
Am Römling
Haidplatz
Weingasse
Reichstagsmuseum
Altes Rathaus
Neue-Waag-Gasse
Rathausplatz
Kohlenmarkt
Fischgässel
Blaue-Lilien-Gasse
Goliathstraße
Watmarkt
Kramgasse
Krautermarkt
Brückstraße
Weiße-Hahnen-Gasse
St. Johann-Kirche
Unter den Schwibbögen
Porta Praetoria
Kreuzgang
Domschatzmuseum
Dom St. Peter
Domplatz
Domgarten
Niedermünster
Lindnergasse
St. Georgen-Platz
Hunnenplatz
Ostengasse
Kalmünzergasse
Trothengasse
Adolph-Kolping-Straße
Römerturm
Alter Kornmarkt
Museum St. Ulrich
Altdorferplatz
Alte Kapelle
Kapellengasse
Speichergasse
Pfluggasse
Karmeliten-Kloster St. Josef
Minoritenkirche
Bertoldstr.
Historisches Museum
Minoritenweg
Rathaus
Von-der-Tann-Straße
Martin-Luther-Straße
Dachauplatz
Dr.-Wunderle-Straße
Drei-Kronen-Gasse
Maximilianstraße
Königsstraße
Am Brixener Hof
Salzburger Gasse
Schwarze-Bären-Str.
Luzengasse
Königstraße
Schäffnerstraße
Grasgasse
Fuchsengang
Ernst-Reuter-Platz
St. Peters-Weg
Fröhliche-Türken-Straße
Weiße-Lilien-Straße
Viereimergasse
Pfauengasse
Drei-Helm-Gasse
Residenzstraße
St. Kassiansplatz
St. Kassian-Kirche
Jesuitenplatz
Obermünsterstraße
Straußgässchen
Malergasse
Neupfarrplatz
Neupfarr-Kirche
Tändlergasse
Wahlenstraße
Pfarrergasse
Augustinerplatz
Obermünsterplatz
Steckgasse
Untere Bachgasse
Obere Bachgasse
Vor der Grieb
Hinter der Grieb
Justitiabrunnen
Rote-Hahnen-Gasse
Spiegelgasse
Gesandtenstraße
Gutenbergplatz
Deischgasse
Auergasse
Alte Manggasse
An der Hülling
St. Peters-Weg
St. Emmeram
Schloss Thurn und Taxis
St. Rupert-Kirche
Emmeramsplatz
Marstallmuseum
Silberne-Fisch-Gasse
Dänzergasse
Dreieinigkeit Kirche
Glockengasse
Uhrenmuseum
Ludwigstraße
Am Schulberg
Drei-Mohren-Straße
Predigergasse
Dominikanerkirche
Adlergasse
Albertus-Magnus-platz
Ägidienplatz
Ägidienkirche
Waffnergasse
Fürst-Anselm-Straße
Beraiterweg
Arnulfsplatz
Stadttheater
Bismarckplatz
Neuhausstraße
Schottenstraße
St. Jakobskirche
Jakobstraße
Kreuzgasse
Wollwirkergasse
Winklergasse
Fidelgasse
Lederergasse
Wiesmeierweg
Kumpfmühler Straße
Dörnbergpark
N
0
300 m

Passau
200 m
0
N
Donau
Inn
Ilz
Anger
Stadtberg
Eggendobl
Sturmberg
Rosenau
Innstadt
Dobl
Veste Oberhaus
Jugendherberge
Polizei
Wasserburg Veste Niederhaus
Anleger Lindau
Ortspitze
Lukas-Kern-Waisenhaus
Museum Moderner Kunst
Kloster Niedernburg
Gymn. Leopoldinum
Jesuitenkirche
Neues Rathaus
Altes Rathaus
Glasmuseum
Hauptzollamt
Bischöfliche Residenz
Domhof
Stephansdom
Landgericht
Barbarakapelle
Stadttheater
Landratsamt
St.-Paul-Kirche
Lambergpalais
Seminarkirche
St.-Johannes-Kirche
St.-Matth.-Kirche
Heilig-Geist-Kirche
Europabücherei
St.-Nikola-Schule
Handwerkskammer
Finanzamt
Votivkirche
Nibelungenhalle
ABR
St.-Nikola-Kirche
Universität
Uni-Bibliothek
Altkatholische Kirche
Römermuseum Kastell Boiotro
St.-Severinskirche
St.-Gertraud-Kirche
Landbauamt
Kapuzinerkloster
Haus der Jugend
Sportplatz
St.-Bartholomäus-Kirche
Friedhof
Freyunger Str.
Obernzeller Straße
Ilzbrücke
Neue Ilzbrücke
Halser Straße
Ferdinand-Wagner-Str.
Luitpoldbrücke
Angerstraße
B 12
Rennweg
Ludwigsteig
Gampersteig
Oberhauser Leite
Oberhauserleitenstiege
Parkstr.
Schanzlbrücke
Am Schanzl
Bahnhofstraße
Ludwigspl.
Gunaustraße
Dr.-Hans-Kapfinger-Str.
Franz-Stockbauer-Weg
Innkai
Marienbrücke
Mariahilfstr.
Gottfried-Schäffer-Str.
Fritz-Schäffer-Promenade
Donaukai
Innbrücke
Fünferlsteg
Kapuzinerstraße
Lenckwegstraße
Linzer Straße
Innstadtkellerweg
Mariahilfstiege
Schmiedg.
Römerstraße
Neuegraben
Löwengrube
Innstadtbahnhofsweg
Jahnstraße
Fuchsengaßl
Ledererstraße
Sterkgäßchen
Am Severinstor
Obere Donaulände
Untere Donaulände
Nagelschmiedg.
Heuwieserstr.
Kleiner Exerzierpl.
Augustinerg.
Residenzpl.
Domplatz
Steinweg
Milchgasse
Michaelig.
Schrottg.
Schustergasse
Rindermarkt
Höllgasse
Eggendobl

Trier
Mosel
Kaiser-Wilhelm-Brücke
G. Schmidt-Platz
Zurmaiener Str.
Remigius Str.
Peter-Friedhofen-Str.
Glockengießer-str.
St. Martin
Bachstr.
Benediktinerstr.
Maar-
Engelstr.
St. Paulin
Paulinstr.
Alkuinstr.
Martinsufer
Merianstr.
Lindenstr.
Dany-str.
Theobaldstr.
Moselradweg
Ausonius-str.
Friedrich-Ebert-Allee
Nordallee
Franz-Ludwig-Str.
Maximinstr.
Schönborner Str.
Katharinenufer
Schießgraben
Deutschherrenstr.
Bruchhausen-str.
Simeon-stift-platz
Porta Nigra
Porta-Nigra-Platz
Petrusstr.
Thebäerstr.
Städtisches Museum
Kutzbachstr.
Pferde-markt
Langstr.
Oerenstraße
Moselstr.
Jakob-str.
Drei-königen-haus
Simeon-str.
Rindertanz-str.
Theodor-Heuss-Allee
Christophstr.
Göbenstr.
Moltkestr.
Roonstr.
Bismarck-str.
Paulus-platz
Kalenfels-str.
Böhmerstr.
St. Paulus
Dietrichstr.
Walramsneu-str.
Stock-str.
Glocken-str.
Sichel-str.
Koch-str.
Flander-str.
Dewora-str.
Bahnhof-str.
Haupt-bahnhof
Olk
Böhmer
Franken-turm
Rotes Haus
Steipe
Palais Walderdorff
Haupt-markt
Dom-freihof
Bisch. Museum
Windstr.
Dominikanerstr.
Balduinstr.
Windmühlen-str.
Salvianstr.
Kirche St. Gangolf
Dom
Predigerstr.
Fabrikstr.
In der
Frauenstr.
Zuckerbergstr.
Metzelstr.
Gangolf-str.
Graben-str.
Palais Kessel-statt
Liebfrauen-str.
Liebfrauen-kirche
A. d. Schellenmauer
Ostallee
Krahnen-str.
Johannisstr.
Fleisch-str.
Korn-markt
Brotstr.
Palaststr.
Banthus-str.
St. Josef
Karl-Marx-Haus
Konstantinstr.
Roter Turm
Mustorstr.
Güterstraße
Feldstr.
Brücken-str.
Stresemann-str.
Nagelstr.
Hosen-str.
Aula Palatina (Basilika)
W.-Brandt Pl.
Gartenfeldstr.
Sachsenstr.
Bergstr.
Römer-brücke
Karl-Marx-Str.
St. Antonius
Fahrstr.
Neustr.
Jesuitenstr.
Jesuiten-kirche
Kurfürstliches Palais
Agritiusstr.
St. Agritius
Thermenmuseum
Viehmarkt-platz
Theater
Palastgarten
Weimarer Allee
Helenenstr.
Kronprinzen-str.
Rathaus
Lorenz-Kellner-str.
Hindenburgstr.
Vieh-markt-str.
Weberbach
Rheinisches Landes-museum
Schützenstr.
Europa-halle
Gerva-sius-str.
Rahnen-str.
Stadt-bibliothek
Kurfürstenstr.
German-str.
Wechsel-str.
Neu-str.
Kaiserstr.
Südallee
Kuhnen-str.
Graugasse
Kaiser-thermen
Ostallee
Hermesstr.
Egbertstr.
Barbara-thermen
Heinerstr.
Charlotten-str.
Wilmowsky-str.
Gilbertstr.
Eberhardstr.
Gerberstr.
An den Kaiserthermen
Bergstr.
N
Amphitheater
Weidegasse
Saarstr.
Karthäuser Str.
Olewiger Str.
Spitzmühle
Nikolaus-str.
Hommerstr.
Löwenbrückener Str.
Kleingärten
Sickingenstr.
0
500 m
Zellstr.
St. Matthias
Altbach

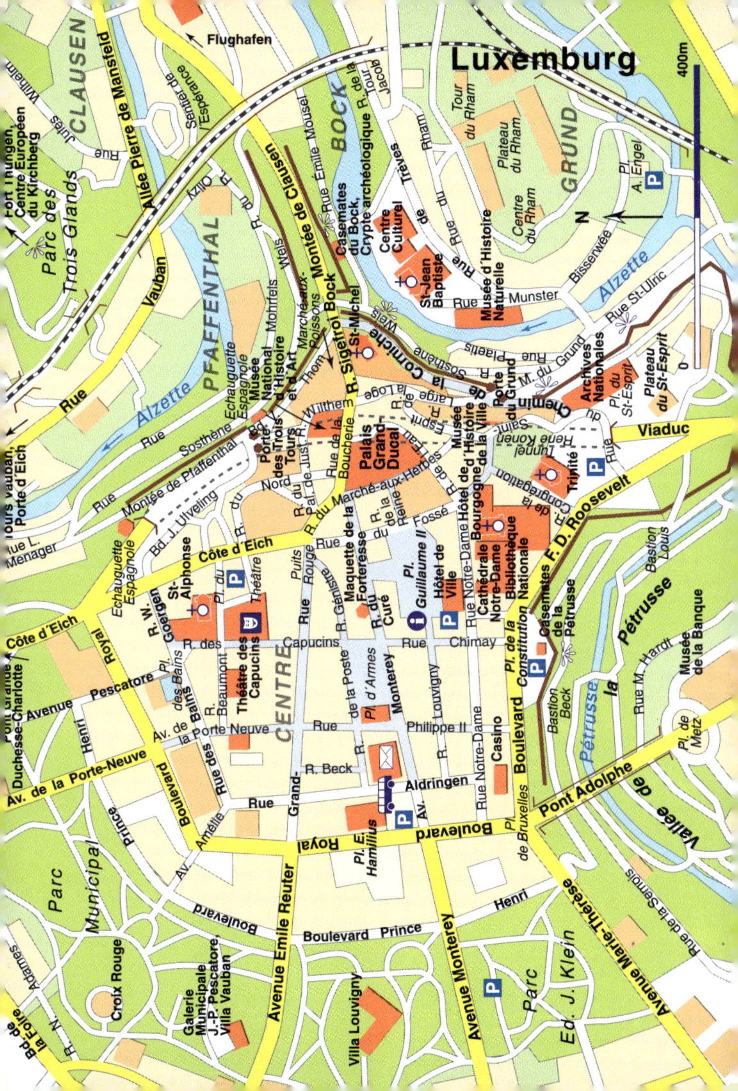

Luxemburg
400m
0
N
Flughafen
Fort Thüngen, Centre Européen du Kirchberg
Parc des Trois Glands
CLAUSEN
Allée Pierre de Mansfeld
Rue Jules Wilhelm
Sentier de l'Espérance
Rue Vauban
Tours Vauban, Porte d'Eich
PFAFFENTHAL
Alzette
Rue Sosthène Weis
Montée de Pfaffenthal
Rue L. Menager
Echauguette Espagnole
Musée National d'Histoire et d'Art
Porte des Trois Tours
Montée de Clausen
Rue Emile Mousel
BOCK
Casemates du Bock, Crypte archéologique
Montée du Grund
Rue de la Tour Jacob
Rue de Trèves
Rue du Rham
Tour du Rham
Plateau du Rham
Centre du Rham
GRUND
Pl. A. Engel
Centre Culturel
St-Jean Baptiste
Musée d'Histoire Naturelle
Rue Munster
Bisserwee
Rue St-Ulric
St-Michel
R. Sigefroi
Bock
Marché-aux-Poissons
Rue Wiltheim
la Corniche
Rue Plaetis
Rue Large
Rue de la Loge
Porte du Grund
Chemin de la Ville
Archives Nationales
Pl. du St-Esprit
Plateau du St-Esprit
Viaduc
Tunnel René Konen
Trinité
Musée d'Histoire de la Ville
Palais Grand Ducal
Rue de la Boucherie
R. du Marché-aux-Herbes
Rue du Nord
R. de l'Eau
Rue de la Congrégation
Bd. F. D. Roosevelt
Bd. J. Ulveling
Côte d'Eich
St-Alphonse
Pl. du Théâtre
Rue du Fossé
R. de la Reine
Maquette de la Forteresse
Pl. Guillaume II
Hôtel de Ville
Hôtel de Bourgogne
Cathédrale Notre-Dame
Bibliothèque Nationale
Casemates de la Pétrusse
Bastion Louis
Pétrusse
la Pétrusse
Musée de la Banque
Rue M. Hardt
Pl. de Metz
Puits Rouge
R. Génistre
R. du Curé
Rue Chimay
R. des Capucins
Théâtre des Capucins
R. W. Goergen
Pl. des Bains
Bd. Royal
Avenue Pescatore
Duchesse-Charlotte
Av. de la Porte-Neuve
R. Beaumont
Av. de la Porte Neuve
CENTRE
Rue de la Poste
Pl. d'Armes
Monterey
Rue Philippe II
Rue Louvigny
Rue Notre-Dame
Casino
Boulevard de la Constitution
Bastion Beck
Pont Adolphe
Vallée de la Pétrusse
R. Beck
Rue Aldringen
Rue Grand-Rue
Av. Amélie
Boulevard Prince Henri
Pl. E. Hamilius
Boulevard Royal
Pl. de Bruxelles
Avenue Marie-Thérèse
Rue de la Semois
Parc Municipal
Avenue Emile Reuter
Avenue Monterey
Parc
Ed. J. Klein
Croix Rouge
Galerie Municipale J.-P. Pescatore, Villa Vauban
Villa Louvigny
Rue Adames
R. N.
Bd. de la Foire

Das Niederwalddenkmal ist eines der bekanntesten Monumente am Ufer: Hier hält Germania stolz *»Die Wacht am Rhein«*.

MEILENSTEINE AM UFER

Die folgende Tabelle führt wichtige Orientierungspunkte links und rechts des Rheins auf, die großteils auch auf der gleichnamigen Faltkarte hinten im Buch verzeichnet sind.

- R rechtes Ufer
- L linkes Ufer
- Schloss
- Kirche
- Kloster
- Ruine
- Brücke
- Industrie
- Kraftwerk
- Schleuse
- ! auffälliges Bauwerk
- Natur

km (Fluss-kilometer)	Ufer	Symbol		Hinweise	Region	Land
0		Brücke	Rheinbrücke, Konstanz			CH–D
48		Natur	Rheinfall, Schaffhausen			CH–D
166			**Basel**			CH
166	L	Kirche	Basler Münster			CH
170		Brücke	Fußgängerbrücke, Dreiländereck			CH–F
171		Brücke	Autobrücke, Dreiländereck			CH–F
174		!	Stauwehr Märkt			D–F
174	L		Abzweigung Grand Canal d'Alsace (Rhein-Seitenkanal)	A		D–F
179		Schleuse, Kraftwerk	Kembs	A		D–F
185	L		Abzweigung Rhein-Rhone-Kanal (Schleuse von Le Corbusier)	A		D–F
194		Schleuse, Kraftwerk	Ottmarsheim	A		D–F
211		Schleuse, Kraftwerk	Fessenheim	A		D–F
225		Schleuse, Kraftwerk	Vogelgrun	A		D–F
225	R	Kirche	St. Stephansmünster, Breisach	A		D–F
226	L		Einmündung Grand Canal d'Alsace	A		D–F
235		!	Stauwehr Marckolsheim			D–F
235	L		Abzweigung Schleusenkanal	B		D–F
240		Schleuse, Kraftwerk	Marckolsheim	B		D–F
242	L		Einmündung Schleusenkanal	B		D–F
249		!	Stauwehr Rhinau			D–F

A. Grand Canal d'Alsace
B. Schleusenkanal

249	L		Abzweigung Schleusenkanal	B		D–F
256			Rhinau	B		D–F
258	L		Abzweigung Rhein-Rhone-Kanal	B		D–F
260	L		Einmündung Schleusenkanal	B		D–F
268		!	Stauwehr Gerstheim			D–F
268	L		Abzweigung Schleusenkanal	B		D–F
272			Gerstheim	B		D–F
274	L		Einmündung Schleusenkanal	B		D–F
284		!	Stauwehr Altenheim			D–F
284	L		Abzweigung Schleusenkanal	B		D–F
288			Straßburg	B		D–F
291	L		Abzweigung Straßburger Ill, Südschleuse	B		D–F
293			La Passerelle des deux Rives, Kehl-Straßburg			D–F
294	L		**Straßburg**			D–F
296	L		Einmündung Straßburger Ill, Nordschleuse/Vorhafen			D–F
298	R	!	Skulpturen, Kinzig-Mündung			D–F
309			Gambsheim			D–F
334			Iffezheim			D–F
359	R		Dampfkraftwerk Rheinhafen			D
360	R	!	Hochwasser-Sperrtor Hafen Karlsruhe			D
362-66	R		Raffinerien			D
384	L	!	Festungsstadt Germersheim			D
390	R		KKW Philippsburg			D
400	L		Kaiserdom Speyer			D
413	R		Hafen, Industrie Mannheim			D
416	R		Kohle-KW GKM Neckarau			D
422	L	!	Uhrturm an der Luitpoldschleuse			D
424	R		Schloss Mannheim			D
425	R		**Mannheim**			D
425	L		**Ludwigshafen**			D
426-32	L		Industrie und Hafen der BASF			D
428	R		Neckar-Mündung			D
444			Nibelungenbrücke Worms			D
455	R		KKW Biblis			D
480	L		Katharinenkirche, Oppenheim		1	D
482	L	!	Weinort Nierstein		1	D

B. Schleusenkanal

1. Weinbaugebiet Rheinhessen (km 472–492)

497	R	Main-Mündung
498		**Mainz**
498	L	Rathaus Mainz
499	L	Kuppel Christuskirche Mainz
500	L	neue Mainzer Kunsthalle
501	R	**Wiesbaden**
503	R	Schloss Biebrich, Wiesbaden
511	R	Kurfürstliche Burg Eltville
518	R	Wein-Verladekran Oestrich-Winkel
522	R	Schloss Johannisberg oberhalb von Geisenheim
525	R	Pfeiler der ehemaligen Hindenburg-Brücke
526	R	Abtei St. Hildegard oberhalb von Rüdesheim
527	R	Brömserburg, Rüdesheim
527	L	St. Rochuskapelle, Bingen
528	R	Niederwald-Denkmal
528	L	Burg Klopp Bingen
529	L	Nahe-Mündung
530	L	Mäuseturm
530	R	Burgruine Ehrenfels
533	L	Burg Rheinstein, Trechtingshausen
534	L	Burg Reichenstein, Trechtingshausen
537	L	Burg Sooneck, Niederheimbach
539	L	Burg Hohneck, Niederheimbach
540	R	Martinskirche, Lorch
540	R	Burgruine Nollig
541	L	Burgruine Fürstenberg, Rheindiebach
543	L	Burg Stahleck, Bacharach
543	L	Wernerkapelle
546	L	Engelsburg
546	R	Pfalzgrafenstein, Kaub
546	R	Burg Gutenfels
549	L	Schönburg (Hotel)
550	L	Liebfrauenkirche, Oberwesel
550	L	Ochsenturm
554	R	Loreley-Felsen
556	R	Burg Katz, St. Goarshausen

1 2 3 D

1. Weinbaugebiet Rheinhessen
2. Weinbaugebiet Rheingau
3. UNESCO-Weltkulturerbe Oberes Mittelrheintal

557	L		Stiftskirche, St. Goar	3, D
557	L		Burg Rheinfels, St. Goar	3, D
559	R		Burg Maus, St. Goarshausen	3, D
567	R		Burg Liebenstein, Kamp-Bornhofen	3, D
567	R		Burg Sterrenberg, Kamp-Bornhofen	3, D
571	L		St. Severus, Boppard	3, D
571	L		Kurtrierische Burg, Thonetmuseum	3, D
572	L		Aussichtsberg Gedeonseck	3, D
575	R		Burg Liebeneck, Osterspai	3, D
580	R		Marksburg, Braubach	3, D
582	L		Scharfer Turm, Rhens	3, D
584	R		Schloss Martinsburg, Oberlahnstein	3, D
585	L		Schloss Stolzenfels, Schinkel-Bau	3, D
586	R		Oberlahnstein, Burg Lahneck am linken Lahnufer	3, D
586	R		Lahn-Mündung	3, D
591	L		**Koblenz**	3, D
591	L		Kurfürstliches Schloss, Koblenz	3, D
592	L		Deutsches Eck	3, D
592	L		Mosel-Mündung	3, D
592	R		Festung Ehrenbreitstein	3, D
601	R		Schloss Engers	D
605	L		stillgelegtes KKW Mülheim-Kärlich	D
609	R		Schloss Neuwied	D
613	L		Liebfrauenkirche Andernach	D
613	L		Runder Turm, Stadtbefestigung Andernach	D
614	L		Andernacher Krahnen (historischer Hafenkran)	4, D
615	L		Kaltwasser-Geysir	4, D
616	L		Burg Namedy	4, D
618	R		Burgruine Hammerstein	4, D
622	L		Burg Rheineck, Bad Breisig	D
625	R		Schloss Arenfels, Bad Hönningen	D
629	L		Ahr-Mündung	D
630	R		Pfarrkirche St. Martin, Linz	D
631	R		Burg Ockenfels	D
632	R		Basaltfelsen Erpeler Ley	D
633			Pfeiler der »Brücke von Remagen«	D

3. UNESCO-Weltkulturerbe Oberes Mittelrheintal

4. Naturschutzgebiet Namedyer Werth

634	L	Wallfahrtskirche St. Apollinaris, Remagen	
635	L	Schloss Marienfels	
636	R	Gefängnisturm Unkel	
640	L	Arp Museum Bahnhof Rolandseck	
644	R	Burgruine Drachenfels	
644	R	Schloss Drachenburg	5
646	R	Gästehaus Petersberg, Königswinter	
653	L	Post Tower, Bonn	
653	L	»Langer Eugen«, ehemaliges Abgeordneten-Hochhaus	
655		**Bonn**	
686	L	Rheinauhalbinsel, die »Drei Kölner Kranhäuser«	
687	L	Imhoff-Schokoladenmuseum	
688		**Köln**	
689	L	Kölner Dom	
689		Hohenzollernbrücke	
689	R	Messe Köln	
698	L	Ford-Werke Köln	
700	R	Bayer-Werke, Leverkusen	D
703	R	Wupper-Mündung	
718	L	Feste Zons	
743	R	Frank-Gehry-Bauten, Medienhafen Düsseldorf	
744	R	Rheinturm (TV)	
745		**Düsseldorf**	
755	R	Kaiserpfalz-Ruinen, Kaiserswerth	
770	R	Mannesmann-Werke	
774		Reste der alten und neue Eisenbahnbrücke Duisburg	
775	R	**Duisburg**	
777	R	Abzweigung Außenhafen Duisburg	
780	R	Ruhr-Mündung	
781	R	Häfen Duisburg-Ruhrort	
786	R	Thyssen-Krupp-Stahlwerke	
792	R	KW Walsum	
799	R	Kohle-KW Voerde	
806	L	Historischer Kanal Fossa Eugeniana	
813	R	Abzweigung Wesel-Datteln-Kanal	
824	L	Doppeltürme Dom Xanten	

5. Siebengebirge

837	R	!	Stadtmauer Rees		D
842	L	!	ehem. KKW Kalkar, Freizeitpark Kernwasser-Wunderland		
852	R		St. Martini, Emmerich		
864	L		Abzweigung Griethauser Altrhein	C	D–NL
868	R		Abzweigung Pannerdens Kanaal		
884	L		**Nijmegen**	D	NL
884	L	!	Anleger Nijmegen		
887	L		Abzweigung Maas-Waalkanaal		
913	R		Abzweigung Amsterdam-Rijnkanaal		
926	L	!	Sluis de St. Andries (Maas)		
953	L		Maas-Mündung	E	
953	L	!	Stadtmauer Woudrichem		
955	R		Abzweigung Merwedekanaal, Gorinchem		
974			Klappbrücke Papendrecht	F	
976	R		Abzweigung Noord	G	
990	L		Nieuwe Maas		
994	R		Abzweigung Hollandse IJssel	H	
1000			Willemsbrug (rot), Rotterdam		
1000	R	!	Witte Huis, Rotterdam		
1001	R		**Rotterdam**		
1001			Erasmusbrug (weiß), Rotterdam		
1013	L		Einmündung Oude Maas		
1026		!	Sturmflut-Sperrwerk Hoek van Holland	I	
1031			Rheinmündung (»Maasmond«)		

C. Boven Rijn
D. Waal
E. Boven Merwede
F. Beneden Merwede
G. Noord
H. Nieuwe Maas
I. Nieuwe Waterweg

Redaktion
Andreas Uebelhart

Konzept
Karin Palazzolo

Gestaltung
Matias Jolliet
Luc Malherbe

Fotos
S. 1: Phoenix Reisen GmbH (Spektakel »Rhein in Flammen«)
S. 2: istockphoto.com/Kotzsch (Pegellatte); –/Bercic (Hafenpoller); –/Zupancic (Störche);
Corbis/Kielty (Zierschild)

Kartografie
JPM Publikationen,
Mathieu Germay,
Jonathan Reymond

JPM Publications S. A.
Avenue William-Fraisse 12
1006 Lausanne, Schweiz
information@jpmguides.com
http://www.jpmguides.com/

Printed in Germany
13666.02.11685
Ausgabe 2012